·全国“六五”普法最新教材·

六五普法

领导干部法律知识读本

本书编写组

人民日报出版社

图书在版编目(CIP)数据

领导干部法律知识读本 /《领导干部法律知识读本》编写组编写.
—北京：人民日报出版社，2011.8
ISBN 978－7－5115－0604－7

Ⅰ.①领… Ⅱ.①领… Ⅲ.①法律－中国－干部教育－学习参考资料
Ⅳ.①D92

中国版本图书馆 CIP 数据核字(2011)第 166908 号

书　　名：领导干部法律知识读本
作　　者：本书编写组

出 版 人：董　伟
责任编辑：鞠天相　周海燕
封面设计：艺和天下

出版发行：人民日报出版社
社　　址：北京金台西路 2 号
邮政编码：100733
发行热线：(010)65369527　65369512　65369509　65369510
邮购热线：(010)65369527　65369530
编辑热线：(010)65369514
网　　址：www. peopledailypress. com
经　　销：新华书店
印　　刷：北京朝阳印刷有限公司

开　　本：710mm×1000mm　1/16
字　　数：200 千字
印　　张：13
印　　次：2011 年 9 月第 1 版　　2011 年 9 月第 1 次印刷

书　　号：ISBN 978－7－5115－0604－7
定　　价：28.00 元

目录
CONTENTS

中央宣传部、司法部关于在公民中开展法制宣传教育的第六个五年规划（2011－2015年） …… 1

第一章 总 论

第一节 依法治国 …… 11

一 依法治国的基本概念 …… 11
二 依法治国的基本要求 …… 13
三 依法治国的重要意义 …… 14

第二节 社会主义法治理念 …… 15

一 法制与法治 …… 15
二 社会主义法治理念的概念 …… 16
三 社会主义法治理念的基本内容 …… 17
四 社会主义法治理念的基本特征 …… 20
五 社会主义法治理念与科学发展观 …… 22

第三节 中国特色社会主义法律体系 …… 23

一 中国特色社会主义法律体系的形成 …… 23

二　中国特色社会主义法律体系的含义 …………………… 24
三　中国特色社会主义法律体系的构成 …………………… 25
四　中国特色社会主义法律体系的特征 …………………… 28

第二章　宪　法

第一节　宪法概述 …………………………………………… 30
一　宪法是国家的根本大法 ……………………………… 30
二　宪法的基本原则 ……………………………………… 31
第二节　国家性质和基本制度 ………………………………… 33
一　国家性质、政权组织形式与国家形式 ………………… 33
二　中国共产党领导的多党合作与政治协商制度 ………… 35
三　基本经济制度和分配制度 …………………………… 36
四　选举制度 ……………………………………………… 37
五　民族区域自治制度和特别行政区制度 ………………… 38
六　基层群众自治制度 …………………………………… 38
第三节　公民的基本权利和义务 ……………………………… 39
一　公民的基本权利 ……………………………………… 39
二　公民的基本义务 ……………………………………… 42
第四节　国家机构 ……………………………………………… 42
一　国家机构概述 ………………………………………… 42
二　全国人民代表大会及全国人民代表大会常务委员会 … 43
三　中华人民共和国主席 ………………………………… 44
四　国务院 ………………………………………………… 45

五 中央军事委员会 …… 45
六 地方各级人民代表大会和人民政府 …… 45
七 人民法院和检察院 …… 47

第三章 我国的基本法律概述

第一节 行政法 …… 48

一 行政与行政法 …… 48
二 行政法的原则与内容 …… 49
三 行政许可法 …… 50
四 行政处罚法 …… 52
五 行政复议法 …… 54

第二节 民法 …… 57

一 民法的基本概念 …… 57
二 我国的民法 …… 58

第三节 刑法 …… 63

一 刑法的基本概念 …… 63
二 我国的刑法 …… 63
三 国家机关工作人员常见犯罪及处罚 …… 68

第四节 诉讼法 …… 72

一 刑事诉讼法 …… 74
二 民事诉讼法 …… 76
三 行政诉讼法 …… 78

第四章 促进经济发展相关法律知识

第一节 加强财税管理 …… 80

一 税法 …… 80
二 会计法 …… 87
三 审计法 …… 89

第二节 依法管理土地 …… 90

一 土地管理法 …… 90
二 城市房地产管理法 …… 95

第三节 保护知识产权 …… 96

一 著作权法 …… 96
二 专利法 …… 98
三 商标法 …… 99

第四节 保护生态环境 …… 100

一 环境保护所涉及的法律法规 …… 100
二 环境保护法的基本原则 …… 101
三 环境保护法的基本制度 …… 102
四 环境纠纷处理的特殊性 …… 105

第五节 规范市场竞争 …… 106

一 反不正当竞争法 …… 106
二 反垄断法 …… 110
三 拍卖法 …… 113
四 招标投标法 …… 114

第六节 产品质量监管 …… 116

一 产品质量的相关概念 …… 116
二 产品质量责任的构成 …… 117
三 产品质量监督 …… 117

第五章 保障和改善民生相关法律知识

第一节 民生及其法律保障 …… 119

一 建立和完善收入分配制度 …… 119
二 建立和完善社会保障制度 …… 121
三 建立和完善医疗卫生制度 …… 128

第二节 建立和谐劳动关系 …… 130

一 劳动用工的法律法规 …… 130
二 劳动保护的法律法规 …… 132
三 企业劳动争议的法律法规 …… 136

第三节 保护消费者合法权益 …… 137

一 消费者的权利与经营者的义务 …… 138
二 侵犯消费者权益的法律责任 …… 139

第四节 加强食品、药品安全 …… 140

一 食品卫生法 …… 140
二 药品管理法 …… 142

第五节　预防和应对自然灾害 …………………………… 144

一　防震减灾法 …………………………………… 144
二　防洪法 ……………………………………… 146
三　消防法 ……………………………………… 147

第六节　保障特殊群体的合法权益…………………… 148

一　妇女儿童权益保护法 …………………………… 148
二　未成年人保护法 ……………………………… 149
三　老年人权益保障法 …………………………… 150

第六章　社会管理相关法律知识

第一节　维护社会政治稳定 …………………………… 154

一　维护国家安全的法律法规 ……………………… 154
二　维护国内社会稳定的法律法规 ………………… 156

第二节　提高社会管理水平 …………………………… 158

一　社会治安综合治理 …………………………… 159
二　流动人口服务和管理 ………………………… 160
三　突发事件应急管理 …………………………… 162

第三节　依法化解社会矛盾 …………………………… 164

一　信访条例 …………………………………… 165
二　人民调解法 ………………………………… 167

第四节 促进文化事业和产业发展 …… 169
一 有关新闻出版的法律法规 …… 170
二 广播影视的法律法规 …… 171
三 网络管理的法律法规 …… 174

第七章 加强反腐倡廉法制教育

第一节 加大廉政教育力度 …… 177
一 培育构建廉政价值观 …… 177
二 加强党的优良传统和作风建设 …… 178
第二节 强化廉政法制文化建设 …… 179
一 切实推进权力的法制化 …… 180
二 推进廉政法制文化建设的举措 …… 181
第三节 落实廉政法律法规 …… 182
一 公务员法 …… 182
二 中国共产党党员领导干部廉洁从政若干准则 …… 183
三 行政监察法 …… 184

第八章 深入推进依法治理

第一节 依法治理概述 …… 186
第二节 推进法治城市的创建 …… 187

一　法治城市的含义 ………………………………………… 187
二　法治城市的特征 ………………………………………… 188

第三节　切实加强依法行政 ………………………………… 189

一　健全行政执法程序 ……………………………………… 190
二　规范行政执法行为 ……………………………………… 191
三　强化行政监督和问责 …………………………………… 192
四　提高政府公信力和执行力 ……………………………… 193

第四节　加强基层民主法制建设 …………………………… 194

一　基层民主法制建设存在的主要问题 …………………… 194
二　基层民主法制建设的途径 ……………………………… 195

中央宣传部、司法部关于在公民中开展法制宣传教育的第六个五年规划（2011－2015年）

在党中央、国务院正确领导下，全国第五个五年法制宣传教育规划已顺利实施完成，取得了显著成效。全民法制宣传教育深入开展，法律进机关、进乡村、进社区、进学校、进企业、进单位活动蓬勃展开，依法治理和法治创建活动深入推进，宪法和法律得到较为广泛普及，全体公民宪法和法律意识明显增强，全社会法治化管理水平逐步提高，法制宣传教育在落实依法治国基本方略、服务经济社会发展、维护社会和谐稳定方面发挥了重要作用。五年来法制宣传教育取得的成功经验，为第六个五年法制宣传教育工作奠定了良好基础。

党的十七大和十七届五中全会提出了深入开展法制宣传教育的重大任务。中国特色社会主义法律体系的形成，整个社会和广大人民群众法治意识的不断增强，对法制宣传教育提出了新的更高要求。继续开展法制宣传教育，对于进一步增强全社会法治观念、推进依法治国进程，为“十二五”时期经济社会发展提供良好法治环境和有效法治保障，具有十分重要的意义。为做好第六个五年法制宣传教育工作，制定本规划。

一、指导思想、主要目标和工作原则

第六个五年法制宣传教育工作的指导思想是：高举中国特色社会主义伟大旗帜，以邓小平理论和“三个代表”重要思想为指导，深入贯彻落实科学发展观，围绕“十二五”时期经济社会发展的目标任务，按照全面落实依法治国基本方略和建设社会主义政治文明的新要求，坚持法制宣传教育与社会主义核心价值体系教育相结合、与社会主义法治理念教育相结合、与社会主义公民意识教育相结合、与法治实践相结合，深入开展法制宣传教育，深入推进依法治理，大力弘扬社会主义法治精神，努力促进经济平稳较快发展和社会和谐稳定，为夺取全面建设小康社会新胜利营造良好法治环境。

第六个五年法制宣传教育工作的主要目标是：通过深入扎实的法制宣传教育和法治实践，深入宣传宪法，广泛传播法律知识，进一步坚定法治建设的中国特色社会主义方向，提高全民法律意识和法律素质，提高全社会法治化管理水平，促进社会主义法治文化建设，推动形成自觉学法守法用法的社会环境。

第六个五年法制宣传教育工作应遵循以下原则：

——坚持围绕中心，服务大局。按照“十二五”时期经济社会发展的总体要求，深入开展法制宣传教育，服务经济平稳较快发展，服务改革开放，服务保障和改善民生，服务维护社会和谐稳定。

——坚持以人为本，服务群众。着眼于群众的实际法律需求，在法制宣传中服务群众，把法制宣传教育的过程变成做群众工作的过程，实现好、维护好、发展好最广大人民的根本利益。

——坚持分类指导，注重实效。根据不同地区、不同行业和不同对象的特点，确定法制宣传教育的重点内容，采取切实可行的方法，增强工作的针对性和实效性。

——坚持学用结合，普治并举。坚持法制宣传教育与法治实践相结合，突出宣传法治实践的重要作用，不断提高法制宣传教育的实际效果。用法制宣传教育引导法治实践，在法治实践中加强法制宣传教育，深入推进各项事业依法治理。

——坚持与时俱进，改革创新。把握法制宣传教育工作规律，创新工作理念，拓展工作领域，完善工作机制，改进方式方法，体现法制宣传教育的时代性、规律性和创造性。

二、主要任务

（一）突出学习宣传宪法。宪法是国家的根本法，是治国安邦的总章程，具有最高权威和法律效力。突出抓好宪法的学习宣传教育，大力宣传我国的根本制度和根本任务，大力宣传中国共产党的领导地位，大力宣传马克思列宁主义、毛泽东思想、邓小平理论和“三个代表”重要思想的指导地位，大力宣传工人阶级领导的以工农联盟为基础的人民民主专政的国体和人民代表大会制度的政体，大力宣传中国共产党领导的多党合作和政治协商制度、民族区域自治制度以及基层群众自治制度，大力宣传坚持公有制为主体、多种所有制经济共同发展的基本经济制度，大力宣传公民的基本权利和义务以及国家生活的基本原则等内容，使广大人民群众全面深刻理解宪法的基本原则和精神，充分认识社会主义制度的优越性，进一步增强全体公民的宪法意识、公民意识、爱国意识、国家安全统一意识和民主法制意识。在全社会牢固树立党的领导、人民当家作主和依法治国有机统一的观念，树立国家一切权力属于人民的观念，树立权利与义务相统一的观念，形成崇尚宪法、遵守宪法、维护宪法权威的良好氛围，使宪法在全社会得到一体遵行，促进国家各项事业健康发展。

（二）深入学习宣传中国特色社会主义法律体系和国家基本法律。加强中国特色社会主义法律体系的学习宣传，深入学习宣传中国特色社会主义法律体系形成的重要意义、基本经验及其基本构成、基本特征。深入学习宣传宪法相关法、民法商法、行政法、经济法、社会法、刑法、诉讼与非诉讼程序法等方面的法律，在全社会形成学法守法用法的良好法治氛围，充分发挥法律在经济社会发展中的规范、引导、保障作用。

（三）深入开展社会主义法治理念教育。组织广大党员干部特别是县处级以上领导干部认真学习社会主义法治理念，牢固树立并自觉践行依法治国、执法为民、公平正义、服务大局、党的领导理念，切实提高党员干部的政治意识、大局意识和法治意识。加大社会主义法治理念的宣传教育力度，推动社会主义法治理念逐步深入人心。

（四）深入学习宣传促进经济发展的法律法规。学习宣传国家基本经济制度、改革开放、社会主义市场经济、财税、金融、投资等方面的法律法规，促进经济平稳较快发展；学习宣传农村基本经营制度、农村土地管理制度、农业支持保护制度、农村金融制度、城乡经济社会发展一体化制度和农村民主管理制度等方面的法律法规，促进社会主义新农村建设；学习宣传加强资源节约和管理、环境和生态保护、防灾减灾等方面的法律法规，促进资源节约型、环境友好型社会建设；学习宣传推进科技进步、加快教育事业发展、加强自主创新能力建设、实施人才强国战略、保护知识产权等方面的法律法规，促进创新型国家建设；学习宣传区域协调发展和城乡规划建设管理相关法律法规，促进区域和城乡协调发展。

（五）深入学习宣传保障和改善民生的法律法规。重点学习宣传收入分配、社会保障、医疗卫生、社会救助等方面的法律法规，促进保障人民基本生活；学习宣传就业促进、劳动合同、劳动争议处理等方面的法律法规，促进建立和谐劳动关系；学习宣传土地征收征用与补偿、土地承包经营权流转、国有企业改制等方面的法律法规，维护人民群众合法权益；学习宣传安全生产、食品药品安全、抗灾救灾、公共卫生等方面的法律法规，保障群众生命财产安全；学习宣传维护妇女、未成年人、老年人、残疾人权益等方面的法律法规，做好特殊群体的权益保障工作。

（六）深入学习宣传社会管理的法律法规。学习宣传维护国家安全、社会稳定、促进民族团结相关法律法规，维护社会政治大局稳定；学习宣传社会治安综合治理、流动人口服务和管理、突发事件应急管理相关法律法规，促进提高社会管理水平；学习宣传信访、投诉、调解等相关法律法规，依法化解矛盾纠纷；学习宣传新闻出版、广播影视、文化文艺、网络电信管理相关法律法规，促进文化事业和文化产业发展。加强刑事、民事和行政诉讼法律宣传，引导公民依法按程序表达利益诉求。加强公正廉洁执法、公正司法教育，维护社会公平正义。

（七）加强反腐倡廉法制宣传教育。以领导干部和公务员为重点，加强公务员法、行政监察法、审计法和廉政准则等相关法律法规和党纪条规的宣传教育，坚持反腐倡廉法制宣传教育与政治理论教育、理想信念教育、职业道德教育、党的优良传统和作风教育相结合，充分发挥廉政教育基地的作用，不断增强各级领导干部和公务员反腐倡廉意识，提高廉洁自律的自觉性。广泛开展面向社会的反腐倡廉法制宣传教育，促进廉政法制文化建设。坚持廉政法制教育从青少年抓起，引导青少年从小树立正确价值观和高尚道德情操。

（八）积极推进社会主义法治文化建设。通过法制宣传教育，弘扬社会主义法治精神，在全社会形成崇尚法律、遵守法律、维护法律权威的氛围。开展丰富多彩的法治文化活动，使法制宣传教育与群众文化生活相结合，丰富法治文化活动载体和形式。引导法治文化产品创作和推广，增加产品数量，提高产品质量，推出精品、创出品牌，不断满足人民群众对法治文化产品的需求。鼓励各类文化团体参加法治文化建设，探索建设法治文化教育基地，发挥公共文化场所在法治文化建设中的资源优势，组织开展法制文艺演出等群众喜闻乐见的法治文化活动。

（九）继续深化“法律进机关、进乡村、进社区、进学校、进企业、进单位”主题活动。突出服务科学发展主题，立足提高公务员社会主义法治理念，深化“法律进机关”活动，不断增强依法管理和服务社会的能力；立足促进农村经济发展和维护社会稳定，深化“法律进乡村”活动，服务社会主义新农村建设；立足推进社会管理创新，深化“法律进社区”活动，提高社区自治和服务能力；立足培育青少年法律素养和道德情操，深化“法律进学校”活动，促进青少年健康成长；立足建立现代企业制度，深化“法律进企业”活动，提高企业核心竞争力和依法防范风险的能力；立足促进法治化管理，深化“法律进单位”活动，营造良好法治氛围。突出不同行业和对象特点，针对机关、乡村、社区、学校、企业、单位的不同需求，采取有针对性的工作措施，提高法制宣传教育的实效性。加强长效机制建设，落实责任单位，明确工作职责，量化工作指标，确保活动取得实效。

深入开展“12·4”全国法制宣传日活动，集中开展以学习宣传宪法为核心的法制宣传教育。利用法律宣传月、宣传周、宣传日等，开展形式多样的法制宣传教育活动。

（十）深入推进依法治理。扎实开展多层次多领域依法治理工作。推进法治城市、法治县（市、区）创建活动，总结推广经验，建立健全制度，不断提高创建水平。开展依法行政示范单位创建活动，推进部门行业结合自身特点开展依法治理，认真贯彻《全面推进依法行政实施纲要》和《国务院关于加强法治政府建设的意见》，健全行政执法程序，规范行政执法行为，强化行政监督和问责，完善执法责任制、执法公示制和执法过错责任追究制，积极推进法律的有效实施，不断提高政府公信力和执行力。开展基层法治创建活动，推进基层依法治理，促进基层民主法治建设。围绕社会热点难点问题和社会管理薄弱环节，开展法制宣传教育和专项治理活动，提高社会管理法治化水平。

三、对象和要求

法制宣传教育的对象是一切有接受教育能力的公民。重点加强对领导干部、公务员、青少年、企事业经营管理人员和农民的法制宣传教育，把领导干部和青少年作为重中之重。

（一）切实加强领导干部学法守法用法。各级领导干部要把宪法和法律作为学习的重要内容，带头学法守法用法，不断提高依法决策、依法行政的意识和能力。健全并落实党委（党组）中心组集体学法、政府常务会议会前学法、法制讲座、法制培训、法律知识考试考核等制度，推进领导干部学法经常化、制度化。把法制教育纳入领导干部理论学习规划，纳入各级党校、行政学院和公务员培训机构教学课程。加强对领导干部任职前法律知识的考察、学法守法用法情况的督促检查和年度评估考核，把依法决策、依法管理、依法办事等考核结果作为干部综合考核评价的重要内容。

（二）大力推进公务员学法守法用法。加强通用法律知识和与履行职责相关的专门法律知识学习，不断提高公务员运用法律手段解决问题的能力。加大公务员培训力度，定期开展社会主义法治理念教育、专门法律知识轮训和新颁布法律法规专题培训。坚持和完善法律知识考试考核制度，将公务员依法办事情况作为公务员任职、晋升的重要依据。加强行政执法人员法律知识培训，完善和推广持证上岗制度，把有关法律知识作为持证上岗考试的重要内容。

（三）深入开展青少年法制宣传教育。根据青少年的特点和接受能力，结合公民意识教育，有针对性地开展法制宣传教育，引导青少年树立社会主义法治理念和法治意识，养成遵纪守法的行为习惯，培养社会主义合格公民。各级各类学校要根据学生特点进一步明确法制教育的地位和目标，完善法制教育的内容和体系，创新法制教育的方法和途径，发挥课堂教学的主渠道作用，努力实现学校法制教育的系统化科学化。深入推进中小学校法制教育课时、教材、师资、经费“四落实”。整合各种社会法制教育资源，建立多种形式的青少年法制教育基地，重视运用互联网等传播手段丰富青少年法制宣传教育的途径和形式，健全学校、家庭、社会“三位一体”的青少年法制教育格局。加强高等学校普法教育，加大中国特色社会主义法学理论教育力度，积极推进高校法学理论教育教材建设和师资队伍建设，引导高校学生牢固树立社会主义法治理念。结合学校校园及周边环境综合治理和安全防范工作，发挥中小学校兼职法制副校长、法制辅导员作用，加强青少年权益保护、预防和减少青少年违法犯罪等有关法律法规宣传教育，加强对有不良行为青少年、社会闲散青少年等特殊青少年群体的法制宣传教育。

（四）积极开展企事业经营管理人员法制宣传教育。加强社会主义市场经济和与企业经营管理相关的法律法规宣传教育，进一步增强企业经营管理人员诚信守法、依法经营、依法办事的观念。把法制培训纳入国有企业负责人培训内容，把依法决策、依法经营、依法管理情况作为考核企业经营管理人员的重要内容。进一步完善企业法律顾问制度，发挥法律顾问在企业依法经营管理中的作用。加强事业单位和非公有制经济组织、新社会组织管理人员法制宣传教育，提高他们依法管理、依法办事能力。深化企业职工法制宣传教育，引导职工遵纪守法，依法维护合法权益。

（五）扎实开展农民法制宣传教育。宣传与农民生产生活相关的法律法规，引导农民依法参与村民自治和其他社会管理活动，提高他们参与民主选举、民主决策、民主管理、民主监督的能力。加强农村“两委”干部法制培训，提高他们运用法律手段管理基层事务、防范和处理矛盾纠纷的能力。开展农村“法律明白人”教育培训，发挥他们在开展法制宣传、法律咨询和化解矛盾中的作用。加强农民工法制宣传教育，突出遵纪守法、依法表达利益诉求等内容的宣传，在农民工集中居住地、工作场所及主要活动场所开展经常性宣传教育，注重法制宣传教育与法律服务相结合，提高农民工的法治观念。

四、工作步骤和安排

第六个五年法制宣传教育规划从 2011 年开始实施，到 2015 年结束。分为以下 3 个阶段。

宣传发动阶段：2011 年上半年。各地区各部门各行业根据本规划，研究制定本地区本部门本行业五年普法规划，做好宣传、发动和组织工作。各省（自治区、直辖市）、中央和国家机关制定的第六个五年法制宣传教育规划，报全国普法办备案。

组织实施阶段：2011 年下半年至 2015 年。各地区各部门各行业依据本规划确定的目标任务和要求，结合实际制定年度计划，认真组织实施，确保本规划得到全面贯彻落实。2013 年开展中期检查督导和表彰。

检查验收阶段：2015 年下半年。在各级党委和政府统一领导下，各级普法依法治理领导小组办公室负责组织对规划实施情况进行总结验收，对先进集体和先进个人进行表彰。

五、组织领导和保障

（一）切实加强领导。各级党委和政府要高度重视，把法制宣传教育纳入当地经济社会发展规划，纳入党委和政府目标管理。进一步完善党委领导、人大监督、政府实施的领导体制，建立健全各级普法依法治理领导小组，完善领导小组定期召开会议、听取汇报、开展督查等制度。领导小组办公室日常工作由政府司法行政部门承担。各级人大要加强对法制宣传教育工作的监督检查，推进法制宣传教育立法。各级党委宣传部门、政府司法行政部门和领导小组办公室负责组织、协调、指导和检查规划的实施工作。各部门各行业负责本部门本行业法制宣传教育工作，按照谁执法谁普法的原则，积极面向社会开展本部门本行业相关法律法规的宣传教育。各类媒体要积极承担公益性法制宣传教育责任。鼓励引导各类社会组织和公民参与、支持法制宣传教育工作。

（二）健全考核评价体系。建立健全考核评估指标体系，完善考核评估运行机制，对本规划实施情况进行年度考核、阶段性检查和专项督查。建立健全激励机制，及时总结推广典型经验，并按照国家有关规定表彰先进。

（三）落实法制宣传教育经费保障。各级政府要把法制宣传教育经费纳入本级政府财政预算，切实予以保障。各部门各单位要根据实际情况统筹安排相关经费，保证法制宣传教育工作正常开展。

（四）抓好队伍建设。培养专兼职相结合的法制宣传教育队伍，提高专职法制宣传教育工作者的政治业务素质和组织指导能力。加强各级普法讲师团、普法志愿者队伍建设，建立健全定期培训和管理制度，提高工作能力和水平。

（五）推进阵地建设。完善城市、乡村公共活动场所法制宣传教育设施。利用各类教育基地开展法制宣传教育培训和实践活动。引导广播、电视、报刊等各类媒体办好普法节目、专栏和法制频道，结合法治实践，采取以案说法等形式，深入浅出地开展法制宣传教育。探索利用互联网、手机等新兴媒体开展法制宣传教育，办好普法网站，推动政府网及门户网站加大法制宣传力度。组织编写一批高质量的普法书籍和读物。

中国人民解放军和中国人民武装警察部队的第六个五年法制宣传教育工作，参照本规划进行安排部署。

第一章 总 论

第一节 依法治国

一 依法治国的基本概念

依法治国，就是广大人民群众在党的领导下，依照宪法和法律规定，通过各种途径和形式管理国家事务，管理经济文化事业，管理社会事务，保证国家各项工作都依法进行，逐步实现社会主义民主的制度化、法律化，使这种制度和法律不因个人意志而改变。

第九届全国人民代表大会第二次会议通过的《宪法修正案》明文规定："中华人民共和国实行依法治国，建设社会主义法治国家。"这一规定表明，依法治国是党领导人民群众治理国家、管理社会的基本方略。依法治国方略写入宪法，赋予依法治国方略以宪法地位，将加速推进法治，使依法治国方略的实施获得宪法性的根本保障。

依法治国是我们党治国理政观念的重大转变。新中国成立以后，由于各种因素的影响，我们党在治国理政方面曾经走了一些弯路，发生了"文化大革命"。党的十一届三中全会总结教训，认识到法制建设的重要性。在党的十五大上，江泽民同志明确提出依法治国的基本方略，将过去"建设社会主义法制国家”的提法，改变为“建设社会主义法治国家”，极其鲜明地突出了对“法治”的强调。中国共产党的十六大提出全面落实依法治国基本方略。依法治国是社会文明进步的显著标志，是国家长治久安的重要保障，是建设中国特色社会主义经济、政治、文化的必然要求。

依法治国的基本内容包括：第一，依法治国的主体是人民。只有广大的人民群众才是治国安邦的决定力量和主体。第二，依法治国的条件是党的领导和依法办事。依法治国是在党的领导下进行，依法治国事业离不开中国共产党的领导。党的领导是依法治国的根本保障。同时，依法治国离不开法律，法律是治国的依据。人民治国的行为必须依照法律来实施。第三，依法治国的基本内容是管理国家事务、管理经济文化事业、管理社会事务。第四，依法治国的直接目的在于保证国家各项工作都依法进行，最终目的在于保障人民民主的切实实现，即实现社会主义民主的制度化和法律化。

依法治国要实现一定的法治目标，具体说有以下几点：第一，法律至上。法律至上是指法律具有至高无上的地位与权威，这是法治中最基本的原则。第二，法制完备。法制完备是依法治国的主要法治目标之一。法制是指一国以法律制度为基础的，包括法律组织及其运行机制在内的法的整体。法制完备首先表现为法律制度的类别齐全、规范系统而无一遗漏。法制完备还表现为有相应的法律机构，立法机构、执法机构、法律监督机构都较为完善。法制完备还表现为法律与法律之间、法律与法律机构之间、法律机构之间是一个完整的整体，能相互协同地运作。第三，依法行政。依法行政是运用法律制约权力的重要表现。行政的特点要求行政必须依法。因为行政工作内容最为丰富，涉及的社会范围最为广泛，与社会民众的联系最为普遍。行政能否依法进行，直接关系着一个国家能否实现法治。依法行政既要保证国家行政权力的依法实现，使国家行政管理的职能被正确行使，也要防止非法行政，保护公民的合法权益。第四，司法公正。公正是法律重要的价值目标与价值追求。社会赋予司法最神圣的职责就是实现公正，如果不公正，司法的目的就不可能得以实现，也违反了司法应有的本质。在法治国家建设中，司法公正具有更重要的意义。

二 依法治国的基本要求

全面落实依法治国基本方略，就是要求国家生活、社会生活的基本方面都纳入法律的轨道，接受法律的调控。随着社会的发展和进步，社会结构和社会利益关系日趋复杂化，国家和社会生活的各个领域越来越需要运用法律手段进行组织和调控。法律不再是单纯的解决纠纷和维护社会治安的手段，而成为组织和改革社会的重要工具。法治国家的形成过程，就是法律功能日益扩展，对社会结构的各个层面日益发生影响。依法治国的基本要求是有法可依、有法必依、执法必严、违法必究。具体说来，全面落实依法治国基本方略，应着重做好以下几个方面的工作：

第一，加强立法工作，完备法律体系。完备法律体系是全面落实依法治国基本方略的前提。依法治国，建设社会主义法治国家的过程，首先是社会主义法律体系逐步建立和完善的过程。改革开放以来，我国立法工作取得了重大的发展，制定了大量的法律法规，初步形成了以宪法为核心的社会主义法律体系，国家政治、经济、社会生活等各方面已基本上有法可依。

第二，树立和维护法律权威。如果宪法和法律得不到切实有效的遵行，无异于一纸空文。全面落实依法治国基本方略，关键就在于树立宪法和法律至高无上的权威。维护法律权威，应当确立法律是人们生活基本行为准则的观念。法律面前人人平等，任何人都没有超越宪法和法律的特权，全体公民都应当自觉遵守法律。维护法律权威，必须首先维护宪法权威，宪法是国家的根本大法，具有最大的权威性和最高法律效力。维护法律权威，应当树立执法部门的公信力。在执法中严格公正，才能得到人民的信任，维护法律权威。

第三，严格依法办事。一切国家机关都应当严格依法办事，执法机关应当严格依照法律规定的权限行事。各级政府必须依法行政，司法机关必须严格公正司法。依法治国首先是依法治权，职权法定，在行使职权过程中要受到严格的制约和监督。执法者的违法行为也要毫不例外地受到法律的追究和惩罚。

第四，增强全民的法律意识和法制观念。这是全面落实依法治国基本方略的一项基础性工程。没有现代法律观念，没有公民对法律的普遍信仰，公民的守法精神和良好的法治氛围就很难形成，法治国家就不可能实现。而要增强全体公民的法律意识和法制观念，就应坚持不懈地进行法制教育和法律宣传，使人人知法，懂法，树立正确的法律价值观，使越来越多的人能积极维护法律。广大领导干部应当切实增强法制观念，带头学法守法，在全党全社会营造依法执政、依法治国、依法办事的良好氛围。

三　依法治国的重要意义

实施依法治国具有重要意义：首先，依法治国是发展社会主义民主、实现人民当家作主的基本保证。国家的一切权力属于人民。社会主义法制将人民的民主权利以及国家在政治、经济、文化和社会等方面的民主生活、民主结构、民主形式和民主程序，用系统的法律和制度固定下来，并确保其实施。这样能够保障人民的民主权利不受破坏和损害，保障人民的民主权利得到实现。其次，依法治国是发展社会主义市场经济和扩大对外开放的客观需要。市场经济是法治经济。市场主体的活动，市场对资源配置基础性作用的发挥，国家对市场的宏观调控，都需要法律的规范、引导、制约和保障。实施依法治国，能适应市场经济的内在要求，充分发挥社会主义市场经济的优势，推动生产力不断发展。在对外开放过程中，也需要依法治国，对外交往要按国与国之间约定的法则和国际惯例办事。再次，依法治国是社会文明和社会进步的重要标志。从人类社会历史进程看，从封建专制国家到社会主义民主法制国家，体现了人类社会的文明进步。中国的社会主义现代化建设要吸收一切人类文明的优秀成果，实行依法治国，建设法治国家是中国社会进步的重要标志。实现依法治国，是中国迈向富强、民主、文明的社会主义现代化国家的必然选择。最后，依法治国是中国共产党执政方式的重大转变，有利于加强和改善党的领导。中国共产党领导人民通过国家权力机关制定宪法和各种法律，把党的主张变为国家意志，把党对国家事务的领导同依法治国统一起来。这样既从制度和法律上保证党的基本路线和基本方针的贯彻执行，也保证党的领导核心作用。

第二节　社会主义法治理念

一　法制与法治

法制是法律和制度的总称。统治阶级以法律化、制度化的方式管理国家事务，并且按照自己的意志通过国家权力建立用以维护本阶级专政的法律和制度。法治包含的意义则是已成立的法律获得普遍的服从，而大家所服从的法律本身是制定得良好的法律。法治，即良法与守法的结合。

法制侧重于形式意义上的法律制度及其实施；法治不仅包括形式意义上的法律制度及其实施，更强调实质意义上的法律至上、权利保障的内涵。法治讲究良法之治，法律公正、稳定、普遍、公开、平等，而法制不具这些内涵。法治与人治截然对立，其基础是民主政治，是民主和宪政的表现，而法制和人治并不绝对对立。

法治和法制虽然是两个不同的概念，但是二者也有一定的联系。一方面，要实行法治，必须以完备的法制为基础；另一方面，在法治国家中，法制的运行要以法治原则为指导。此外，两者都是一定社会经济基础的上层建筑，都为其赖以生存的经济基础服务。正确区分这两个概念，正确认识二者的关系，对于我国健全社会主义法制、建设法治国家具有重要意义。

法治理念是法治的灵魂，是指人们对法律的功能作用和法律的实施所持有的内心信念和观念。一定的法治理念由一定社会制度、政治制度、法律文化等方面决定，体现了法治的精神实质和价值追求。

二 社会主义法治理念的概念

社会主义法治理念是体现社会主义法治内在要求的一系列观念、信念、理想和价值的集合体，是指导和调整社会主义立法、执法、司法、守法和法律监督的方针和原则，是中国特色社会主义理论在法治建设上的体现。社会主义法治理念坚持以邓小平理论和“三个代表”重要思想为指导，贯彻落实科学发展观，是马克思主义法律观中国化的最新成果，充分体现了马克思主义的指导地位，符合社会主义核心价值体系的要求。社会主义法治理念是我们党在总结社会主义国家兴衰成败的经验，特别是中国社会主义民主建设、法制建设的经验，借鉴现代法治理论合理成份的基础上形成的基本理念。社会主义法治理念是中国特色社会主义理论体系的重要组成部分，是中国共产党执政理念的有机组成部分。社会主义法治理念包括依法治国、执法为民、公平正义、服务大局、党的领导这五个方面。

把握社会主义法治理念，必须从中国社会主义国体和政体出发，立足于社会主义市场经济和民主政治发展的时代要求，以科学发展观和社会主义和谐社会思想为指导，深刻地认识社会主义法治的内在要求、精神实质和基本规律，系统地反映符合中国国情和人类法治文明发展方向的核心观念、基本信念和价值取向。

党的领导、人民当家作主和依法治国的有机统一，是社会主义法治理念的核心和精髓，反映了我国社会主义国体和政体的特点和要求。公平正义是社会主义法治的基本价值取向。法治有两项最基本的要求，一是要有制定得良好的法律，二是这种法律得到普遍的服从。所谓“良好的法律”，就是体现社会公平和正义的法律。所谓“普遍的服从”，就是法律的实体正义和程序正义都得到全面的实现。现代法治既是公平正义的重要载体，也是保障公平正义的重要机制。公平正义，就是社会各方面的利益关系得到妥善协调，人民内部矛盾和其他社会矛盾得到正确处理，社会公平和正义得到切实维护和实现。随着市场经济的发展，社会结构的变动，利益关系的多元化，社会公平问题日益凸显出来。正确解决这些问题，对于保持社会的稳定与和谐，减少社会风险和动荡至关重要。解决公正问题要综合运用政策、法律、经济、行政等手段，坚持依法、及时、合理解决的原则，采用教育、调解、司法等方法。最重要的是要通过推进社会主义法治进程，逐步建立并从法律上保障公平的机制和公平的环境。

三　社会主义法治理念的基本内容

1. 依法治国是社会主义法治的核心内容。依法治国是我国的治国方略。古往今来，无数仁人志士都在不断探索治国之路。经历了无数风雨，我们党才找到治国的正确路径。1997 年 9 月，党的十五大报告中首次将“依法治国，建设社会主义法治国家”作为党领导人民治理国家的基本方略，标志着中国共产党执政方式的根本转变，成为新中国民主法治建设的一个新的里程碑。1999 年 3 月，“中华人民共和国实行依法治国，建设社会主义法治国家”被写入了宪法第五条，这标志着我国治国理念的飞跃，是我们党和国家治国理念的重大变化。社会主义法治就是要实现依法治国。

2. 执法为民是社会主义法治的本质要求。执法为民是社会主义法治本质所要求的根本理念。在社会主义国家中只有人民才是国家和社会的主人。依法治国就是依照人民的意愿来治理国家、管理社会。

以人为本是执法为民的根本出发点。以人为本，是科学发展观的核心。也是执法为民的根本出发点。坚持执法为民，就是在执法中尊重人的主体地位，尊重、理解和关心广大人民群众，要以维护广大人民群众的根本利益为本，在执法标准上以人民满意为本，坚持执法为了人民，执法依靠人民。

保障人权是执法为民的基本要求。人权是公民的基本权利，尊重和保障人权，是我国宪法规定的基本原则。执法为民最基本的要求就是尊重和保障人权，切实维护人民群众的生存权和发展权；切实保障人民群众的公民权利和政治权利。我国宪法规定的公民权利包括公民的人身自由不受侵犯，公民的人格尊严不受侵犯，公民的住宅不受侵犯，公民的宗教信仰自由等，公民的政治权利包括选举权和被选举权，言论、出版、结社、集会、游行、示威等权利。

文明执法是执法为民的客观需要。文明执法具体体现为执法理念文明、执法制度文明、执法行为文明和执法形象文明，这是社会主义道德规范对执法机关的基本要求，是落实执法为民、构建社会主义和谐社会的客观需要，也是社会主义政治文明和法治进步的表现。

3. 公平正义是社会主义法治的价值追求。法律总是与公平正义联系在一起。无论是在中国还是在西方国家，都对法律的公正属性给予特别的重视。人们总是把法律作为实现公正的手段，把公平正义作为法律的最高价值追求。公平正义原则应当在社会主义法治中得到最普遍的体现。在立法上，社会主义法律制度必须体现公平正义。立法是依法治国的首要环节。社会重大的公平正义准则应该通过法律加以体现，使之成为法律的制度性规定。法律对于公平正义的认可及具体化，是法律制定中的最高价值追求。也就是说，法律要实现其公平正义的目标，首先就必须在立法上体现公平正义。没有立法的公平正义，无论法律实施多么良好，公平正义都无法在社会中得以实现。

在法律的实施上，也必须体现法律的公平正义。法律确认和体现的公平正义只有通过法律实施，才能转化成为社会的实际。法律实施的过程是复杂的。首先，法律实施的制度、机制对于公平正义有着重要影响。法律实施的制度与机制如何，直接关乎法律公平正义的实现程度。其次，法律实施人员的素质也影响着公平正义的状态。再次，法律公平正义还要依赖执法人员的执法水平与技能。在法律实施过程中，要实现公平正义，也要依赖执法者对于法律公平正义的良好认知和把握。法律的公平正义也需要法律监督的支撑。法律监督是法律得以有效实施的保证，也是社会公平正义得以实现的保证。相对于法治的其他环节，法律监督担负着维护公平正义的独特责任。法律制定或者实施都存在着背离公平正义的可能性，要最大限度地实现公平正义，就必须加强法律监督。

4. 服务大局是社会主义法治的重要使命。服务大局是对社会主义法治的政治要求，也是社会主义法治的重要使命。我国的依法治国是在特定的历史背景下进行的，担负着重要的时代使命。它总是与整个社会主义事业联系在一起的，并且它必须与社会主义社会发展相协调，有力地推动社会主义各项事业的发展。我们必须在社会主义事业的全局观念之下来推进社会主义法治。

依法治国要自觉地服从并服务于这些大局。政法工作人员在处理案件、处理法律事务的过程中，要自觉地服从这些大局的要求，要把案件的处理放到建设社会主义事业的大背景中来全面认识。市场经济、民主政治、依法治国、和谐社会都不是法律之外的口号，它们都应当在法律制度和法律实施之中，被作为基本的观念体现出来。如果立法、执法（包括司法）、法律监督脱离了这些大局，依法治国就必然会误入歧途，导致严重的方向性错误。

5. 党的领导是社会主义法治的根本保证。我国的依法治国，如同整个社会主义事业一样，是在中国共产党的领导之下进行的。没有中国共产党的领导就没有社会主义新中国，同样，没有中国共产党的领导也不可能有真正的社会主义法治国家。中国共产党对依法治国的领导，要求我们必须正确认识党在依法治国中的重要作用，没有党的领导作用的正确发挥，我们就不可能赢得依法治国的重大胜利。中国共产党要对依法治国进行领导，意味着我们党必须依法执政。中国共产党的地位和使命决定了，党必须自觉依法执政。

中国共产党要领导依法治国，必须重视对于立法工作的领导。立法对于依法治国来说具有首要的意义。法律的制定总是影响和制约着整个法治的发展。如何制定法律对于法治发展来说具有先导和方向性的意义。我们党领导立法的根本任务就是要使我们的立法充分体现人民的意志，使社会主义立法的人民性和民主性得以充分体现。其次，我们党要监督法律实施。监督法律实施的根本目的在于确保人民治国理政的法律能够成为社会的现实。只有执法机关都严格依法办事，人民的意志才能得到充分的尊重和全面的实现，也才能彻底实现中国共产党全心全意为人民服务的宗旨。

党对法治的领导要求我们党自觉地在宪法和法律的范围内活动。1982年宪法确立了党必须遵守宪法和法律的原则。这一原则的确立极大地保障了依法治国的顺利发展，也标志着我们党对于法治认识的深化与进步。自觉遵守和服从宪法和法律，是我们党坚定不移的法治原则，也是我们党成为法治典范的根据之所在。党的组织和成员模范地遵守法律是我们党在新的历史时期的先进性之体现，也是我们党成功地推进依法治国的根本要求。

四　社会主义法治理念的基本特征

坚持党的领导、人民当家作主和依法治国有机统一，是社会主义法治理念的本质属性。我们只有全面把握这一核心理念，才能理解社会主义法治的内涵和特征。具体地说，社会主义法治理念具有以下特征：

1. 鲜明的政治性。法治的实现需要相应的政策、组织和权力基础，其实现程度受制于政治文明的发展程度；法治为政治建设提供了权力运行的规则与依据。社会主义法治建立在社会主义民主的基础上，并确认和保障社会主义民主政治。社会主义法治理念将服务大局作为社会主义法治的重要使命，将党的领导作为社会主义法治的根本保证，要求全面服务社会主义政治、经济、文化、社会及生态文明建设，不断增强党的科学执政、民主执政与依法执政能力，实现了讲法治与讲政治的统一。

2. 彻底的人民性。社会主义法治反映最广大人民的根本利益和共同意志，是党领导人民制定和实施法律，有效治理社会的方式、过程和状态。社会主义法治建设的根本目的，就是要实现好、维护好、发展好最广大人民的利益。社会主义法治与全体公民的生产生活息息相关，人民是法治的主体，是法治建设的重要参与者和推动力。社会主义法治理念将执法为民作为社会主义法治的本质属性，体现了人民民主专政国体的性质和人民主权的原则，确认了人民的主体地位，规定了法治建设的根本目的，内在地要求全体公民自觉树立和实践社会主义法治理念，成为社会主义法治理念的承载者，自觉受其引导，遵守法律，维护法治的基本原则和精神。

3. 系统的科学性。社会主义法治理念以马克思主义为指导，吸收借鉴国内外法治的思想精髓和人类法治文明的优秀成果，总结我国法治建设经验教训，从现阶段基本国情出发，科学回答了“什么是社会主义法治国家”和“怎么样建设社会主义法治国家”这一重大理论和实践问题，体现了民族性与时代性的现实结合，是科学先进的理念。在内容构成上，社会主义法治理念是一个科学的有机统一体。“依法治国、执法为民、公平正义、服务大局和党的领导”这五大内容，从不同方面反映和规定了社会主义法治，明确了社会主义法治的核心内容、本质要求、价值追求、重要使命和根本保证，每个方面环环相扣，相辅相成，构成一个科学有机的整体。

4. 充分的开放性。社会主义法治理念不是一个孤立的存在，也不是一个封闭、静止的思想体系，它的形成、发展与实践都具有充分的开放性。中国两千年封建社会的历史，使这个国家人治传统和人治意识根深蒂固，这决定了中国的法治化进程只能是一个艰难长期的过程。这也同时决定了社会主义法治理念不可能一直不变，必须是渐进发展的。随着社会主义法治的不断完善，社会主义法治理念的内涵也将不断借鉴与吸收人类法治文明的优秀成果，从而更有时代性，更具规律性，更富创造性。可以说，正是这种广泛吸收、与时俱进的特性，才使社会主义法治理念能够始终指导中国的法治实践，始终保持旺盛的生命力。

五　社会主义法治理念与科学发展观

牢固树立党的领导理念，正确认识和把握科学发展观与社会义法治理念的有机统一，以科学发展观为指导思想，对树立和落实社会主义法治理念，实现社会的稳定、经济的发展，确保我国法治建设的正确方向，具有极其重要的意义。

树立社会主义法治理念是落实科学发展观的必然选择，落实科学发展观要与树立社会主义法治理念是统一的。各级干部和国家机关工作人员应当用社会主义法治理念来指导具体工作，崇尚法律，维护法治，更好地落实科学发展观。各级干部和国家机关工作人员只有牢固树立、弘扬社会主义法治理念，才能在落实科学发展观具体工作中有所作为，才能不断提高自身的素质。就政府各级法制工作者而言，首先要有做好新时期法制工作的紧迫感。因为党和国家对各级法制工作的要求越来越高，作为法制工作者要通过钻研各类法律知识，提高自身素质和业务本领，在工作中善于运用社会主义法治理念，分析和解决工作中出现的新情况，新问题。其次，要以科学发展观为指导，努力增强依法办事能力。而法制工作者的能力集中体现在依法履职的全过程，要求具有扎实的思想素质、法律专业水平，法治理念及创新精神。再次要注重树立自身的新形象。法制工作者的形象，就是履职过程中办事能力的真实体现，同时也代表各级政府的形象。

在全面落实实践科学发展观的进程中，要正确理解科学发展观与社会主义法治理念的关系，善于运用先进的社会主义法治理念，指导和推动政府法制工作不断向前发展，为经济社会又好又快发展创造更加良好的法治环境，提供更加有力的法律保障。只有将科学发展观与社会主义法治理念有机地结合起来，才能更好地端正法制工作者的态度，才能更好地发挥法治在社会主义建设中的作用，为社会主义建设保驾护航。

第三节 中国特色社会主义法律体系

一 中国特色社会主义法律体系的形成

随着社会主义国家的产生，社会主义类型的法律产生。社会主义法律是新型的法律，它建立在以公有制为主体的社会主义经济基础之上，人民按照自己的意志来管理和建设国家，人民以法律的形式把自己的意志上升为国家意志。

我国社会主义的法律，是在中国共产党的领导下，经过民主的立法程序制定的，既充分体现人民的共同意志和利益，又比较符合社会发展的客观要求，适应社会发展的需要。我国社会主义的法律，根据现阶段的基本路线和中心工作，在国家政治生活、经济生活和社会生活的各个方面，在现代化建设、民主政治建设和社会主义精神文明建设中发挥着巨大的作用。

新中国成立以后到“文化大革命”以前的十多年时间里，我国陆续制定了大约 1500 多部法律、法令和法规，确认和保护了新生的国家政权，调整了新的社会制度下新型的社会关系。党的十一届三中全会以后，我国的社会主义法制建设有了长足的发展。从 1979 年到现在，我国的立法工作取得了显著的成绩，除了现行的我国《宪法》和四个宪法修正案以外，全国人民代表大会及其常委会先后制定了法律和有关法律问题的决定，国务院制定了行政法规，地方立法机关制定了地方性法规。到目前，包括现行宪法在内，全国人大及其常委会制定有效法律 239 件，国务院制定行政法规 690 多件，地方人大及其常委会制定地方性法规 8600 多件。这些数字的背后，是中国立法机关和立法者历经 60 余年的艰辛探索和努力。

2011 年 3 月，吴邦国委员长在十一届全国人大四次会议所作的常委会工作报告中郑重宣布中国特色社会主义法律体系已经形成，这是我国社会主义民主法制建设所取得的一项重大成就，也是我国改革开放和社会主义现代化建设所取得的一项重大成就，具有重大的现实意义和深远的历史意义。数十年不懈求索，实现了依法治国的历史性跨越。从“无”到“有”，中国共产党领导亿万人民不懈奋斗，如期实现了“形成中国特色社会主义法律体系”这一宏伟目标。

二 中国特色社会主义法律体系的含义

所谓法律体系，是指一个国家的全部现行法律规范，按照一定的原则和要求，根据法律规范所调整的对象和调整方法的不同，划分为既相互区别又相互联系的不同的法律部门，从而构成一个内在统一的整体。法律体系是一个国家法的内在结构，而它们的外在表现形式则是由有权创制法的不同国家机关所颁布的规范性法律文件。可见，一个国家的法律体系，既包括其内在结构，即法律部门的划分，又包括其外在表现形式，即法律渊源。前者是法律体系的横向的划分，后者是法律体系的纵向的划分。从法学研究的角度讲，通常所说的法律体系主要指的是法的内在结构。

一个国家的法律体系的各个部门之间既存在着差别，又存在着内在的统一性。一方面，由于法所调整的社会关系是多种多样的，所以法必然分成不同的相对独立的部门。法律体系因此也分成不同的法律部门，如宪法、刑法、民法等。法律部门又可以分成不同的子部门或法律制度，如民法可以分成婚姻法、物权法、知识产权法、合同法、侵权责任法等子部门。另一方面，法律体系的各个组成部分之间又存在着内在统一性。

中国特色社会主义法律体系的内在统一性表现在：第一，调整社会关系的法律指导思想统一，虽然不同的法律部门由于调整社会关系的不同，其指导思想、基本原则、调整方法不同，但是它们赖以产生和服务的社会关系又具有统一性，中国特色社会主义理论体系是它们共同的指导思想。第二，普遍性较大的法律规范在普遍性较小的法律规范中得到具体化。中国特色社会主义法律体系以宪法为统帅，宪法规定社会经济制度和国家政治制度等的根本原则。这些原则需要其他一般的法律加以落实，有的甚至是宪法本身明文规定要求制定相应的法律。在许多法律中，法律的原则性规范需要在具体性规范中得到落实。第三，法律规范之间存在着横向的协调、协作关系，遵守、适用或违反一些法律规范，会引起另一些法律规范发生作用。第四，法律规范之间存在着纵向的等级从属关系，下级的规范不得与上级的规范相冲突，属于同一法律部门的法律规范之间层次分明、位阶有序，上下左右衔接，紧密配合。但法律体系的内在统一性是相对的，因为法律体系对于它所赖以存在和服务的社会关系来说总是第二位的。当社会关系发生变化的时候，法律或迟或早总要发生变化，原有的内在统一的法律关系必然会出现不协调的现象。在法律体系发展的过程中，一方面要做到法律体系内部的协调一致，另一方面又要做到法律和社会的协调一致，而法律内部的协调一致归根结底以法律是否与社会协调一致为转移。因此法律体系要适应社会关系，尤其是经济关系的变化。

三　中国特色社会主义法律体系的构成

中国特色社会主义法律体系，既包括其内在结构，即法律部门的划分，又包括其外在表现形式，即法律渊源。

（一）中国特色社会主义法律体系法律部门的划分。中国特色社会主义法律体系的形成为我国法律部门的划分奠定了立法基础。划分法律部门的目的就是要从现行有效的各类规范性法律文件中按照调整对象和调整方法找到它们的内在的逻辑联系，即我国法的内在结构。我国法律体系大体可以划分为宪法、民商法、行政法、经济法、社会法、刑法、程序法等法律部门。

1. 宪法部门，包括宪法和宪法相关法。宪法是国家的根本大法，规定国家的根本制度和任务、公民的基本权利和义务等内容。宪法相关法是与宪法相配套、直接保障宪法实施和国家政权运作等方面的法律规范的总和，主要包括四个方面：有关国家机构的产生、组织、职权和基本工作制度的法律；有关民族区域自治制度、特别行政区制度、基层群众自治制度的法律；有关维护国家主权、领土完整和国家安全的法律；有关保障公民基本政治权利的法律。

2. 民商法部门，即规范民事、商事活动的法律规范的总和，调整的是自然人、法人和其他组织之间以平等地位而发生的各种关系。关于民法和商法是分立还是合一，各国做法不尽相同，我国学术界也有不同意见。从立法模式上看，我国采取的是民商合一。民法是一个传统的法律部门，主要包括物权、债权、知识产权、婚姻、家庭、收养、继承等方面的法律规范。商法是在民法基本原则的基础上适应现代商事活动的需要逐渐发展起来的，主要包括公司、破产、证券、期货、保险、票据、海商等方面的法律规范。

3. 行政法部门，即规范行政管理活动的法律规范的总和，行政法调整的是行政机关与行政管理相对人（公民、法人和其他组织）之间因行政管理活动而发生的关系，行政机关与行政管理相对人的地位是不平等的，行政行为由行政机关单方面依法做出，不需要双方平等协商。行政法部门包括特别行政法和一般行政法。特别行政法又称部门行政法，指规范各专门行政职能部门如治安、民政、国家安全、统计、邮政、海关、人事、军事、教育、科技、文化、卫生、体育等方面的管理活动的行政法。一般行政法规定国家行政管理的基本原则、程序，国家行政机关的地位、产生、职权和职责等等，是横跨各个行政法领域、规范行政行为的行政法，包括行政组织法（中央和地方各类行政机构的组织法）、行政运作法（各类行政行为，包括许可、处罚、制裁、监察等）和行政救济法（行政赔偿法、行政复议法、行政诉讼法等）。

4. 经济法部门，即调整因国家从社会整体利益出发对市场经济活动实行干预、管理、调控所产生的法律关系的法律规范的总和。我国经济法可以分为综合职能管理法和行业管理法。综合职能管理法包括预算法、审计法、统计法、价格法、反垄断法、银行法、反洗钱法、税法、产品质量法、会计法等。行业管理法包括农业、林业、畜牧业、工业、交通、贸易、对外贸易、邮政等各个产业法。

5. 社会法部门，即调整劳动关系、社会保障、社会福利和特殊群体权益保障方面的法律规范的总和。我国的社会法部门主要由劳动保障法、社会保障法、社会公益与慈善法三个子部门组成。劳动保障法主要包括劳动法，劳动合同法，工会法，就业促进法，职业病防治法，安全生产法等；而社会保障法包括社会保险法和特殊群体权益保障法，如残疾人保障法，未成人保护法，老年人权益保障法，妇女权益保障法等；社会公益与慈善法包括公益事业捐赠法、红十字会法和社会救助法等。

6. 刑法部门，即规制犯罪、刑事责任和刑事处罚的法律规范的总和。刑法是一个传统的法律部门，与其他法律部门相比，具有两个显著特点：一是所调整的社会关系最广泛。不论哪一方面的社会关系，只要发生了构成犯罪的行为，都受刑法调整。二是强制性最突出。所有法律都有强制性，但都没有刑法突出，刑法是通过刑事制裁，限制人身自由，甚至剥夺生命等方式体现其强制性。从广义上说，刑法部门不仅包括规制犯罪的刑法，还包括预防犯罪、改造犯罪方面的法律规范。

7. 程序法部门，即规范解决社会纠纷的诉讼活动与非诉讼活动的法律规范的总和。我国程序法部门包括诉讼和非诉讼程序法两个子部门，其中诉讼程序法包括刑事诉讼法、民事诉讼法和行政诉讼法，宪法程序法主要涉及违宪审查制度问题，我国的违宪审查权由人民代表大会行使。非诉讼程序法包括仲裁法和调解法。

（二）中国特色社会主义法律体系的法律渊源。中国法律体系的法律渊源主要是制定法，即由有权创制法的不同国家机关所颁布的规范性法律文件。习惯只有在国家认可的条件下才能成为我国法律渊源，判例不是我国法律渊源。

作为制定法，中国特色社会主义法律体系的纵向划分即法律渊源包括：（1）宪法；（2）全国人大及其常委会所制定的法律；（3）国务院所制定的行政法规；(4) 省、自治区、直辖市人大及其常委会所制定的地方性法规。较大的市，包括省、自治区人民政府所在地的市、经济特区所在地的市和经国务院批准的较大的市的人大及其常委会所制定的地方性法规；(5) 民族自治地方，即自治区、自治州、自治县的人大所制定的自治条例和单行条例；(6) 国务院各部门所制定的部门规章；(7) 省、自治区、直辖市和省、自治区人民政府所在地的市、经济特区所在地的市和经国务院批准的较大的市的人民政府所制定的政府规章。

四　中国特色社会主义法律体系的特征

中国特色社会主义法律体系，是全面实施依法治国基本方略、建设社会主义法治国家的基础，是新中国成立60多年来特别是改革开放30多年来经济社会发展实践经验制度化、法律化的集中体现，具有鲜明的特征。

1. 体现了中国特色社会主义的本质要求。一国法律体系的性质由一个国家社会制度的性质所决定。我国是工人阶级领导的、以工农联盟为基础的人民民主专政的社会主义国家。在社会主义初级阶段，我国实行公有制为主体、多种所有制经济共同发展的基本经济制度。这就决定了我们构建的必然是中国特色社会主义性质的法律体系。所制定的法律都是从中国特色社会主义制度和处于社会主义初级阶段的实际出发，从人民群众的根本意志和长远利益出发。

2. 我国法律体系的形成是有目的、有计划的。中国特色社会主义法律体系的形成有目的和计划。与资本主义的自发形成相伴随，西方法律体系的形成经历了漫长过程。中国在经过“文化大革命”的惨痛教训后，把形成中国特色社会主义法律体系作为一项政治使命。改革开放以来，社会主义法律体系的建设一直在有计划有步骤地进行，这一直是中国法律体系形成的鲜明特色。中国特色社会主义法律体系形成的时间性、阶段性特别明显。

3. 体现了改革开放和社会主义现代化建设的时代要求，具有与时俱进的特征。改革开放作为当代中国的伟大社会实践，为法律体系的建立和完善提供了舞台。中国特色社会主义法律体系与改革开放和现代化建设相伴而生，具有鲜明的时代特征。一方面，改革开放和现代化建设为法律体系构建提供内在需求和动力，提供实践基础和经验。另一方面，法律体系的构建为改革开放和现代化建设提供法制环境，积极发挥促进、规范、指引和保障作用。法律体系是与时俱进、不断创新的。我国正处于并将长期处于社会主义初级阶段，整个国家还处于体制改革和社会转型时期，社会主义制度还需要不断自我完善和发展，社会主义市场经济体制也还有个完善过程，因而反映并规范这种制度和体制的中国特色社会主义法律体系，就必然具有稳定性与变动性、阶段性与前瞻性相统一的特点，必将适应我国经济社会发展和法治建设进程的现实需要而不断发展完善。

4. 其内在结构体现了统一而又多层次的科学要求。我国是统一的、多民族的、单一制的社会主义国家。由于历史的原因，我国各地经济发展很不平衡。与此相适应，在国家最高权力机关集中行使立法权的前提下，为了使我们的法律既能通行全国，又能适应各地方千差万别不同情况的需要，以便在实践中能行得通，遵循在中央统一领导下充分发挥地方主动性、积极性的宪法原则，我国逐步确立了统一而又分层次的立法体制。实践证明，这一立法体制符合我国国情，是行之有效的。与这一立法体制相适应，中国特色社会主义法律体系在结构上表现为统一而又多层次的特征，既有全国人大及其常委会制定的法律，也有国务院制定的行政法规，还有地方人大及其常委会依据法定权限制定的地方性法规。宪法是最高统帅，法律是主干，行政法规和地方性法规是对国家法律的细化和补充。它们由不同立法主体按照宪法和法律规定的立法权限制定，区分不同层次，具有不同效力，都是中国特色社会主义法律体系的有机组成部分，共同构成一个完整的统一体。

第二章　宪　法

第一节　宪法概述

一　宪法是国家的根本大法

宪法不仅是法的一种表现形式，而且在一国法律体系中居于最高和核心的地位，宪法有“法律的法律”之称。宪法是特定社会政治经济和思想文化条件综合作用的产物，集中反映各种政治力量的对比关系，是规定国家的根本任务和根本制度，保障公民基本权利和自由的国家根本大法，是治国安邦的总章程，具有最高的权威和最高的法律效力。

宪法之所以被称为国家的根本大法，是因为宪法具有以下特征：第一，在内容上，宪法规定国家最根本、最重要的问题。宪法以法律的形式确认了我国各族人民奋斗的成果，规定了国家的根本制度、根本任务和国家生活中最重要的原则，具有最大的权威性和最高的法律效力。第二，在法律效力上，宪法具有最高的法律效力。宪法虽然与行政法、刑法、民法、经济法、诉讼法等一样，是具有普遍约束力的行为规范，但是，宪法是一国法律体系中的核心组成部分，具有最高的法律效力。这体现在：普通法律的规定不得同宪法相抵触，一切国家机关、社会团体和公民的行为都必须以宪法为根本的活动准则，并且负有维护宪法尊严、保证宪法实施的职责。第三，在制定和修改的程序上，宪法较之一般法律有更严格的要求。我国宪法规定："宪法的修改，由全国人民代表大会常务委员会或者五分之一以上的全国人民代表大会代表提议，并由全国人民代表大会以全体代表的三分之二以上的多数通过"。而法律和其他议案由全国人民代表大会以全体代表的过半数通过即可。通过这些规定可以看出对宪法的修改程序比一般法律有更为严格的要求。

二 宪法的基本原则

建国以来，我国先后于1954年、1975年、1978年和1982年颁布了四部宪法。1982年12月4日，五届全国人大五次会议通过并颁布了第四部宪法，即现行宪法。这部宪法分为序言，总纲，公民的基本权利和义务，国家机构，国旗、国歌、国徽、首都五个部分，共4章138条。这部宪法继承和发展了1954年宪法的基本原则，总结了中国社会主义发展的经验，并吸收了国际经验，是一部有中国特色且适应中国社会主义现代化建设需要的根本大法。它明确规定了中华人民共和国的政治制度、经济制度、公民的权利和义务、国家机构的设置和职责范围、国家的根本任务，确定了四项基本原则和改革开放的基本方针，坚持马列主义、毛泽东思想为指导思想等。

宪法的基本原则是指人们在制定和实施宪法的过程中必须遵循的基本立场和准则，是贯穿于制定和实施宪法过程中的基本精神，是一国政治指导思想、社会经济条件、历史文化传统的集中反映。一切宪法的内容都要以宪法的基本原则为指导建立，它贯穿宪法的始终。所以，宪法的基本原则又被称为"立国精神"。我国现行宪法的基本原则主要有：

1. 权力属于人民原则。我国是人民当家作主的国家，国家的根本目的就是实现人民的意志，保障人民的根本利益。这样的国家性质决定了在国家政权方面必须保证权力属于人民。

2. 保障公民基本权利原则。公民基本权利是实现“一切权力属于人民”的必不可少的基础。因为公民如果没有个人权利的保障，那在整体上就不可能实现“一切权力属于人民”，也就谈不上人民民主和社会主义民主的建设。我国宪法真正成为公民的权利保障书，重视并保障公民权利原则，明确规定了公民在政治、经济、文化和社会生活等方面的权利和自由，规定了对妇女、儿童、老人、残疾人和华侨等具有特定身份人员的权益的保护，并且国家要为公民实现权利和自由提供物质上和法律上的保障。

3. 维护社会主义法制的统一和尊严的原则。宪法第5条明确规定：“国家维护社会主义法制的统一和尊严。一切法律、行政法规和地方性法规都不得同宪法相抵触。一切国家机关和武装力量、各政党和各社会团体、各企业事业组织都必须遵守宪法和法律。一切违反宪法和法律的行为，必须予以追究。任何组织或者个人都不得有超越宪法和法律的特权”。公民在法律面前一律平等。宪法还明确规定，国家实行依法治国，建设社会主义法治国家。这些规定，都体现了宪法维护社会主义法制的统一和尊严的原则。

4. 民主集中制原则。我国宪法采取的不是分权原则，而是民主集中制原则，同时其也是我国政治制度的根本原则。宪法规定，我国的一切权力属于人民；人民行使权力的机关是全国人大和地方各级人大；人民代表大会由人民直接或间接选举产生，对人民负责，受人民监督；国家行政机关、审判机关、检察机关都由人民代表大会产生，对它负责，受它监督；中央和地方的国家机构职权的划分，既保证中央的统一领导，又充分发挥地方的主动性和积极性。

第二节 国家性质和基本制度

一 国家性质、政权组织形式与国家形式

（一）国家性质

我国的国体也就是国家性质，是指社会各阶级在国家中的地位，其所表现的是国家的阶级性质。根据宪法规定，我国的国家性质是人民民主专政。

人民民主专政的内容包括：工人阶级是我国的领导阶级，农民是工人阶级最可靠的同盟军，工农联盟表现了人民民主专政国体的充分的民主性和广泛的代表性；知识分子是工人阶级的一部分，也是国家的依靠力量；爱国统一战线是扩大国家政权的社会基础，是人民民主专政的重要保障；对人民实行民主和对敌人实行专政是辩证的统一，在人民内部实行民主是实现对敌人专政的前提和基础，而对敌人实行专政又是人民民主的有力保障。

我国的国家性质具有以下特征：第一，工人阶级领导的、广泛的阶级基础。首先，让工人阶级成为领导力量，掌握国家领导权。其次，阶级基础具有广泛性。以广泛的工农联盟为阶级基础，这不仅是夺取新民主主义革命胜利的重要保证，也是社会主义事业建设的主要力量和重要保证。第二，国家的人民属性。体现在以下几方面：其一是人民的广泛性。只要拥护社会主义，拥护党的领导，就属于人民的范畴。其二是人民当家作主。人民通过选举权和被选举权，实现当家作主。其三是一切权力属于人民。国家行政机关、审判机关、检察机关由人民代表大会产生，对它负责，受它监督。第三，民主与专政的有机结合。民主与专政，是有机的统一体，对内广泛地发扬民主，对危害社会主义的敌人实行强有力的专政。第四，社会主义性质。社会主义性质体现在以下几方面：政治层面，是工人阶级

领导的人民当政；经济层面，是以公有制为主体的经济制度；在本质上，是解放生产力、发展生产力、消灭剥削、消除两极分化、最终达到共同富裕。

（二）政权组织形式

我国的政权组织形式即政体，是指一定社会的统治阶级，为行使国家权力的职能而建立的不同类型的国家机关，以及由此形成的国家机关之间的权力配置关系。根据宪法规定，我国的政权组织形式是人民代表大会制度。

人民代表大会制度是我国社会主义民主政治的突出特点，是人民当家作主的重要途径和最高实行形式，是我国的根本政治制度。人民代表大会制度是按照民主集中制原则，由直接或间接选举的代表组成人民代表大会作为国家权力机关，统一管理国家事务的政治制度，其优越性在于：首先，人民代表制度是人民当家作主的实现途径。通过选举使人民的意志得以体现，通过监督使人民的意志得以保障。其次，直接选举和间接选举适合我国的基本国情。我国幅员辽阔，人口众多，历史文化的差异，经济社会发展的不同，通过直接选举和间接选举的有机结合，既有利于保障人民的权利得已真正实现，也有利于保证国家权力的统一。

（三）国家形式

国家形式是指国家纵向的结构关系，是国家采取何种原则和方式来划分国家内部区域，对国家机构体系进行纵向权力配置并规范其运用的形式，解决的是整体与部分、中央和地方之间的关系问题。

国家采取何种国家形式往往受到经济发展状况、特定政治力量对比、民族关系、历史文化传统、地理环境以及国际环境等因素的影响和制约。现代主权国家结构形式可以分为单一制和联邦制两种。我国是单一制国家。

香港、澳门回归祖国成立特别行政区后，虽然宪法很多条文在特别行政区不适用，但在整体上对特别行政区仍然有效；特别行政区的立法、行政、司法系统虽然相对独立，并在基本法框架内拥有独立的立法权、行政管理权和终审权，但是全国只有一套立法、行政、司法系统。“一国两制”的理论和实践不仅没有改变我国的国家形式，而且丰富了单一制的理论和内涵。

（四）国家性质、政权组织形式与国家形式之间的关系

国体与政体是辩证统一的关系。首先，国体与政体是内容与形式的关系。任何一种国体都要采用一定的政体才能实现其阶级统治的任务，所以国体是内容，政体是形式。其次，国体与政体相互联系，相互依存，对立统一。国体是政体存在和发展的基础，决定着政体的存在形态；政体由国体决定，从属于国体。有什么性质的国家，就要求有什么样的政体与之相匹配。再次，政体是国体的体现和反映，对国体有能动的反作用。当政体适合国体时，它对国体的反作用表现为服务作用；当政体不适合国体时，它对国体的反作用表现为破坏作用。最后，政体具有一定的相对独立性。同一种类型的国体，由于受到各种因素的影响，也可以采用不同的政体；国体不同的国家，也可能采用相似的政体。

国家形式所体现的国家整体和组成部分、中央和地方间的关系，实质上是一种权力关系，即职权划分的关系。国家形式着重于表现政权体系的纵向方面，即同领土结构相适应的上下关系。而政体则着重于表现政权体系的横向方面，即权力机关同行政机关、司法机关以及其他国家机关间的关系、权力机关同人民群众间的关系。国家政权就是通过这两种形式表现出来的，国家政权如果离开这两种形式就无法实现它的职能，国体也就无从存在。

二　中国共产党领导的多党合作与政治协商制度

中国共产党领导的多党合作和政治协商制度是中华人民共和国的一项基本的政治制度，是具有中国特色的政党制度。我国宪法《序言》对此予

以肯定："中国共产党领导的多党合作和政治协商制度将长期存在和发展。"这一制度的基本内容包括以下几个方面：

第一，坚持党的领导。中国共产党是执政党，各民主党派是参政党。中国共产党是执政党，其执政的实质是代表工人阶级及广大人民掌握人民民主专政的国家政权。各民主党派是参政党，具有法律规定的参政权。其参政的基本点是：参加国家政权，参与国家大政方针和国家领导人选的协商，参与国家事务的管理，参与国家方针、政策、法律、法规的制定和执行。

第二，长期合作是我国政党关系的基本特点。中国共产党和各民主党派是亲密战友。中国共产党与各民主党派，不仅在过去发挥了重要的历史作用，而且在今后的国家政治生活、社会生活和对外友好活动中，在进行社会主义现代化建设、维护国家的统一和团结的斗争中，将进一步发挥它的重要作用。

第三，中国共产党与各民主党派合作的基本方针是：长期共存，互相监督，肝胆相照，荣辱与共。

三　基本经济制度和分配制度

我国的基本经济制度是以公有制为主体、多种所有制经济共同发展的基本经济制度。首先，以公有制为主体，是我国经济制度的首要特征。国有经济控制国民经济命脉，对于发挥社会主义制度的优越性，增强我国的经济实力、国防实力和民族凝聚力，具有关键性作用。集体经济是公有制经济的重要组成部分，对实现共同富裕具有重要作用。其次，多种所有制经济共同发展是我国经济制度的基本特征。我国是社会主义市场经济国家，公有制经济之外，个体、私营等各种形式的非公有制经济是社会主义市场经济的重要组成部分，对充分调动社会各方面的积极性，加快生产力发展，实现共同富裕，解决就业、民生等问题，都具有重要作用。

我国现行的分配制度是以按劳分配为主体、多种分配方式并存的分配制度。这是由我国的基本经济制度所决定的，经济的多样性，决定了分配的多样性。公有制为主体的基本经济制度直接决定了我国分配制度以按劳分配为主。按劳分配的主体地位表现在：一是全社会范围的收入分配中，按劳分配占最大比重，起主要作用；二是公有制经济范围内劳动者总收入中，按劳分配收入是最主要的收入来源。多种分配方式并存，是多种所有制经济并存的必然结果，经济的多样性，必然要求分配方式的多样性，以适应经济基础的需要。多种分配方式并存，对于提高效率，调动人和各种资源的积极性，充分发挥市场的作用，具有积极影响。

四 选举制度

选举制度，是法律规定的关于选举国家代表机关的代表和国家公职人员的原则、程序与方法等各项制度的总称，它包括选举的基本原则、选举的程序和方法，以及选民和代表之间的关系等。

选举原则有普遍选举、平等选举、直接（或间接）选举、秘密投票等原则。普遍选举，指凡达到选举年龄的公民，除被剥夺政治权利者外，普遍享有选举权。我国实行普遍选举原则。平等选举，指选民在平等的基础上参加选举，即每个选民在一次选举中只有一个投票权，每张选票的效力相等。“一人一票，一票一价”是各国普遍采用的原则，我国的选举制度也采用这一原则。

直接选举指代表或其他公职人员由选民直接投票选出。间接选举指先由选民选出代表自己意志的人，再由选出的代表代表选民选出上一级代表或国家公职人员。我国实行直接选举和间接选举相结合的方式，即乡镇人民代表大会的代表实行直接选举，县级以上的人民代表大会的代表实行间接选举。这是由我国土地辽阔、人口众多、交通不便、经济文化发展水平较低等国情决定的。

秘密投票原则，又称无记名投票，指选举时投票人不在选票上署名，填写的选票不向他人公开，并亲自将选票投入票箱。秘密投票原则有利于选民更真实地表达自己的意愿。我国各级人民代表大会代表的选举都实行无记名投票。

选举程序，即规范选举过程的制度，包括设立选举机构，划分选区，确定选民资格，进行选民登记，提出候选人，竞选，进行投票和计票等程序。没有程序保障的权利，不是真正的权利。因此，选举程序在维护选举秩序，保障选民权利等方面具有重要的作用。

五　民族区域自治制度和特别行政区制度

民族区域自治制度，是指在国家统一领导下，各少数民族聚居的地方实行区域自治，设立自治机关，行使自治权，自主地管理本民族、本地区的内部事务，行使当家做主的权利。民族区域自治制度是我国的基本政治制度之一，是建设中国特色社会主义政治的重要内容。事实证明，民族区域自治制度，不仅有效地维护了各少数民族的权益，保留了各民族的传统习俗，而且增进了各民族的团结，实现了国家的安定和社会的和谐。

“一国两制”，即“一个国家，两种制度”，其基本涵义是：在一个中国的前提下，大陆实行社会主义制度；香港、澳门、台湾作为特别行政区保持原有的资本主义制度和生活方式。香港、澳门回归后的实践表明，“一国两制”完全是可行的，成功的。

六　基层群众自治制度

基层群众自治，就是基层群众实行自我管理，自我负责，在我国政治生活中具有重要的意义。基层群众自治在我国实践中的表现为：以村（居）民委员会为载体，由村民实行自我管理、自我教育、自我服务，民主选举、民主决策、民主管理、民主监督。

首先，基层群众自治，是具有中国特色政治制度的重要组成部分。中共十七大将“基层群众自治制度”首次写入党代会报告，正式与人民代表大会制度、中国共产党领导的多党合作和政治协商制度、民族区域自治制度一起，纳入了中国特色政治制度范畴。

其次，基层群众自治，是我国社会主义民主制度的具体实行形式。民主，是我国国体的重要性质，也是公民的重要权利。我国的民主制度，就是使群众通过民主选举，选出村（居）委会成员，通过民主监督，实现民主管理、民主决策。

再次，基层群众自治，是人民当家作主的具体体现。基层群众自治，在我国的具体实现形式，就是由基层群众，选举出村（居）委会成员，通过村（居）委员成员进行管理和服务，受群众监督，对群众负责，实现了“自己的事情，自己做主”。

由于各地经济发展不平衡，基层自治制度从立法到实践问题较多，所以，要真正落实基层群众自治，还有许多工作要做。

第三节　公民的基本权利和义务

公民是指具有一国国籍，并根据该国宪法和法律规定享有权利和承担义务的人。国籍是确定公民资格的唯一条件。我国不承认双重国籍，加入中国国籍就不再保留外国国籍；加入或者取得外国国籍，中国国籍也就自动丧失。

一　公民的基本权利

我国现行宪法及其修正案对公民基本权利的规定包括以下内容：

1. 平等权。平等权是一种原则性、概括性的权利。平等权相比其他基本权利不具有独立性，主要体现在与其他权利的相互关系中，具体通过政治平等权、经济平等权、文化平等权和社会平等权来实现。

平等权体现为公民依法平等享有权利，不受法律之外的差别对待，并要求国家给予同等法律保护的权利。公民在法律面前一律平等既包括司法平等，又包括守法平等。

2. 政治权利。政治权利亦称参政权，是指公民依照宪法规定参加政治生活的民主权利和在政治上享有的表达个人见解和意愿的自由权利，具体包括以下内容：

（1）选举权和被选举权。选举权是指公民选举代表机关代表和国家公职人员的权利；被选举权，是指公民被推荐为代表机关代表或者国家公职人员的权利。

（2）监督权。监督权是指公民监督国家机关和国家工作人员履行职责、对抗其违法失职行为的权利，包括批评、建议、控告、检举和申诉权。

（3）政治自由。政治自由包括言论、出版、集会、结社、游行、示威的自由。

3. 宗教信仰自由。宗教信仰自由是宪法规定的精神自由，指每个公民都有按照自己的意愿信仰宗教的自由，也有不信仰宗教的自由；有信仰这种宗教的自由，也有信仰那种宗教的自由；在同一宗教里，有信仰这个教派的自由，也有信仰那个教派的自由；有过去不信教而现在信教的自由，也有过去信教而现在不信教的自由；有按宗教信仰参加宗教仪式的自由，也有不参加宗教仪式的自由。任何国家机关、社会团体和个人不得强制公民信仰宗教或者不信仰宗教，不得歧视信仰宗教的公民和不信仰宗教的公民。

4. 人身自由与人格尊严。人身自由，是公民所应享有的最起码的权利，是其他自由和权利的基础。人格尊严是指与人身有密切联系的名誉、姓名、肖像等不容侵犯的权利。

（1）人身自由。宪法规定，公民的人身自由不受侵犯，任何公民非经人民检察院批准、决定或者人民法院决定，并由公安机关执行，不受逮捕；禁止非法拘禁和以其他方法非法剥夺或者限制公民的人身自由，禁止非法搜查公民的身体。

（2）人格尊严。人格尊严是权利主体获得宪法地位的基础，集中反映了宪法所维护的人权价值，是人格权的基础，具体包括名誉权、姓名权、肖像权与荣誉权。宪法高度重视对人格尊严的保障，保护公民的人格尊严不受侵害，禁止以任何方法对公民进行侮辱、诽谤和诬告陷害。

（3）住宅安全权。住宅安全权是指公民居住、生活的场所不受非法侵占、损毁、侵入、搜查或者查封等的权利。住宅权是人身自由的自然延伸。宪法规定，公民的住宅不受侵犯，禁止非法搜查或者非法侵入公民的住宅。

（4）通信自由和通信秘密。通信自由是指公民有根据自己的意愿自由进行通信而不受他人干扰的自由。通信秘密是指公民通信的内容受国家法律保护，任何人不得非法私拆、毁弃、偷阅他人的信件。

5. 社会经济权利。社会经济权利是指公民依照宪法的规定享有的具有物质经济利益的权利，是公民参加国家政治生活、实现其他基本权利的物质保障。主要包括以下内容：

（1）公民财产权。保护财产权历来就是宪法的重要内容。我国宪法确认了公民合法财产的所有权和私有财产的继承权。

（2）劳动权。劳动权是指一切有劳动能力的公民，有获得工作和取得劳动报酬的权利。劳动权是公民赖以生存的基础，是行使其他权利的物质前提。

（3）劳动者的休息权。休息权是劳动者有休息和休养的权利。休息权是劳动权存在和发展的基础，是劳动者享受文化生活，自我提高的重要权利。

（4）物质帮助权。物质帮助权是指公民因失去劳动能力或者暂时失去劳动能力而不能获得必要的物质生活资料时有从国家和社会获得生活保障，享受集体福利的一种权利。根据宪法规定，物质帮助权主要由生育保障权、伤残保障权、死亡保障权与退休保障权等具体权利构成。

6. 文化教育权。其包括受教育权和文化权利。受教育权是公民在教育领域享有的重要权利，是公民接受文化、科学等方面教育训练的权利。在我国，受教育也是公民应尽的义务。文化权利。我国公民有进行科学研究、文学艺术创作和其他文化活动的自由。

7. 取得赔偿权。取得赔偿权是指国家机关和国家机关工作人员违法行使职权侵犯公民的合法权益造成损害时，受害人有取得国家赔偿的权利。取得赔偿权是宪法规定的公民获得法律救济的权利，主要通过《国家赔偿法》等法律来保障实现。

二　公民的基本义务

公民平等地享有宪法规定的权利，也应平等履行宪法规定的义务。社会生活中，公民需要履行不同形式的义务。公民的基本义务即宪法义务，是指由宪法规定的，为实现公共利益，公民必须为或不为某种行为的必要性。

我国宪法第五十二条至第五十六条规定了公民的基本义务，即公民有维护国家统一和民族团结、遵守宪法和法律、维护国家安全、荣誉和利益、保卫祖国和依法服兵役、依法纳税的义务等。

第四节　国家机构

一　国家机构概述

国家机构是国家的统治者为实现统治职能，按照自己的意愿和组织原则建立起来的，包括立法、司法、行政等全部国家机关的总和。由于各国政治制度、宪政精神及基本国情有别，其国家机构设置和国家机关的组织也不尽相同。宏观而言，按照管辖区域划分，国家机构基本上分为中央国家机关和地方国家机关。

根据宪法和法律的规定，我国国家机构的组织和活动原则主要包括：(1) 党的领导原则。党对国家机构的领导并非上级对下级的行政领导，而是政治领导、组织领导和思想领导。（2）民主集中制原则。民主集中制是一种民主与集中相结合的制度，是指在民主基础上的集中和在集中指导下的民主的结合。（3）社会主义法治原则。国家机关贯彻这一原则就是指国家机关都要按照国家的法律和制度进行组织和开展活动。（4）密切联系群众，为人民服务原则。国家机关及其工作人员要坚持广泛吸收人民群众参与管理国家并接受人民监督。（5）精简和效率原则。（6）责任制原则。

二 全国人民代表大会及全国人民代表大会常务委员会

1. 全国人民代表大会。全国人民代表大会是最高国家权力机关。它的常设机关是全国人民代表大会常务委员会。全国人大由全国人民在普选基础上产生的代表组成，对人民负责，受人民监督。国家行政机关、审判机关、检察机关都由人民代表大会产生，对它负责，受它监督。全国人民代表大会代表每届任期五年，会议每年举行一次，由全国人民代表大会常务委员会召集。

全国人大行使下列职权：（1）修改宪法并监督宪法的实施。（2）制定和修改刑事、民事、国家机构的和其他的基本法律。（3）选举、决定和罢免国家机关领导人。（4）决定国家重大事项。包括审查和批准国民经济和社会发展计划和计划执行情况的报告；审查和批准国家的预算和预算执行情况的报告；批准省、自治区和直辖市的建置；决定特别行政区的设立及其制度；决定战争与和平的问题。（5）最高监督权。全国人大有权改变或者撤销全国人民代表大会常务委员会不适当的决定；全国人大常委会、国务院、最高人民法院、最高人民检察院向全国人大负责并报告工作；中央军委主席对全国人大负责。（6）其他应当由它行使的权力。

2. 全国人民代表大会常务委员会。全国人大常委会是全国人大的常设机关，在全国人大闭会期间行使部分最高国家权力。一方面，全国人大常委会由全国人大选举产生，对其负责，受其监督。全国人大有权罢免全国人大常委会的组成人员。另一方面，在全国人大闭会期间，最高国家行政机关、审判机关、检察机关向全国人大常委会报告工作、对其负责，受其监督。

全国人大常委会的组成人员不得担任国家行政机关、审判机关和检察机关的职务。全国人大常委会会议由委员长召集，一般每2个月举行1次。全国人民代表大会常务委员会每届任期同全国人民代表大会每届任期相同，它行使职权到下届全国人民代表大会选出新的常务委员会为止。

全国人大常委会主要行使以下职权：（1）解释宪法、监督宪法的实施。（2）制定和修改应当由全国人大制定的基本法律以外的其他法律；在全国人民代表大会闭会期间，对全国人民代表大会制定的法律进行部分补充和修改，但是不得同该法律的基本原则相抵触。（3）解释法律。（4）监督国务院、中央军事委员会、最高人民法院和最高人民检察院的工作；有权撤销国务院制定的同宪法、法律相抵触的行政法规、决定和命令；有权撤销省、自治区、直辖市国家权力机关制定的同宪法、法律和行政法规相抵触的地方性法规和决议。（5）人事任免权。（6）重大事项决定权。（7）全国人民代表大会授予的其他职权。

三　中华人民共和国主席

根据我国宪法的规定，国家主席、副主席由全国人民代表大会选举。每届任期同全国人民代表大会每届任期相同，连续任职不得超过两届。

国家主席主要行使以下职权：（1）人事任免权。国家主席根据全国人民代表大会的决定和全国人民代表大会常务委员会的决定，公布法律，任免国务院总理、副总理、国务委员、各部部长、各委员会主任、审计长、秘书长。（2）重大事项公布权。根据全国人民代表大会的决定和全国人民代表大会常务委员会的决定，授予国家的勋章和荣誉称号，发布特赦令，宣布进入紧急状态，宣布战争状态，发布动员令。（3）外交权。代表中华人民共和国，进行国事活动，接受外国使节；根据全国人民代表大会常务委员会的决定，派遣和召回驻外全权代表，批准和废除同外国缔结的条约和重要协定。

四 国务院

国务院即中央人民政府，是最高国家权力机关的执行机关，即最高国家行政机关。国务院统一领导各部委的工作和地方各级国家行政机关的工作，实行总理负责制，对全国人大及其常委会负责并报告工作。

国务院主要行使以下职权：(1) 执行宪法和法律，执行全国人大及其常委会的决定。(2) 根据宪法和法律，规定行政措施，制定行政法规，发布决定和命令。(3) 提出议案权。(4) 行政管理权。(5) 全国人大及其常委会授予的其他职权。

五 中央军事委员会

中央军事委员会是全国武装力量的最高领导机关，由主席，副主席若干人，委员若干人组成，全国人大根据中央军事委员会主席的提名，决定中央军事委员会其他组成人员人选。中央军事委员会实行主席负责制。中央军事委员会每届任期同全国人民代表大会每届任期相同。中央军事委员会主席由全国人大选举产生，对全国人大及其常委会负责。

六 地方各级人民代表大会和人民政府

1. 地方各级人民代表大会。省、直辖市、县、市、市辖区、乡、民族乡、镇设立人民代表大会，它同全国人民代表大会一起构成我国国家权力机关体系。地方各级人大作为地方国家权力机关，代表本行政区域的人民行使管理国家事务的权力。地方各级人大之间、全国人大与地方各级人大之间是监督与被监督的关系。

省、直辖市、设区的市的人民代表大会代表由下一级的人民代表大会选举；县、不设区的市、市辖区、乡、民族乡、镇的人民代表大会代表由选民直接选举。省、直辖市、自治区、设区的市的人民代表大会每届任期五年，县、不设区的市、市辖区、乡、民族乡、镇的人民代表大会每届任期三年。县级以上地方各级人民代表大会设立常务委员会。地方各级人民代表大会在本行政区域内，保证宪法、法律、行政法规的遵守和执行；依照法定的权限通过和发布决议，审查和决定地方的经济建设、文化建设和公共事业建设的计划。

2. 地方各级人民政府。地方各级人民政府是地方各级国家权力机关的执行机关，是地方各级国家行政机关。地方各级人民政府作为执行机关，从属于本级人民代表大会，由本级人民代表大会选举产生，对它负责，受它监督。同时，地方各级人民政府与上级人民政府之间是领导与被领导的关系。地方各级人民政府实行省长、市长、县长、区长、乡长、镇长负责制。地方各级人民政府每届任期同本级人民代表大会每届任期相同。

地方各级人民政府主要行使以下职权：(1) 省、自治区、直辖市的人民政府可以根据法律、行政法规和本省、自治区、直辖市的地方性法规，制定规章，报国务院和本级人大常委会备案。(2) 执行本级人民代表大会及其常委会的决议，执行上级行政机关的决定和命令，执行国民经济、社会发展计划和预算。(3) 规定行政措施，发布决定、命令。(4) 其他行政管理职能。

3. 民族自治地方的自治机关。实行民族区域自治，是解决我国民族问题的基本政策。民族自治地方的自治机关是自治区、自治州、自治县的人民代表大会和人民政府。民族自治地方的人民代表大会有权制定自治条例和单行条例，经法定机关批准后生效。自治区主席、自治州州长、自治县县长由实行区域自治的民族的公民担任。

民族自治机关既行使宪法规定的地方国家机关的职权，同时依法行使自治权：(1) 民族自治地方的人民代表大会有权依照当地民族的政治、经济和文化的特点，制定自治条例和单行条例。(2) 民族自治地方的自治机关有管理地方财政的自治权。凡是依照国家财政体制属于民族自治地方的财政收入，都应当由民族自治地方的自治机关自主地安排使用。(3) 民族自治地方的自治机关在国家计划的指导下，自主地安排和管理地方性的经济建设事业。（4）民族自治地方的自治机关依照国家的军事制度和当地的实际需要，经国务院批准，可以组织本地方维护社会治安的公安部队。

七　人民法院和检察院

人民法院是国家的审判机关，其组织体系包括：最高人民法院、地方各级人民法院和军事法院等专门人民法院。最高人民法院是最高审判机关，监督地方各级人民法院和专门人民法院的审判工作；上级人民法院监督下级人民法院的审判工作。最高人民法院对全国人民代表大会及其常务委员会负责，地方各级人民法院对产生它的国家权力机关负责。

人民检察院是国家的法律监督机关，其组织体系包括：最高人民检察院、地方各级人民检察院和军事检察院等专门人民检察院。最高人民检察院是最高检察机关，领导地方各级人民检察院和专门人民检察院的工作，上级人民检察院领导下级人民检察院的工作。最高人民检察院对全国人民代表大会及其常务委员会负责。地方各级人民检察院对产生它的国家权力机关和上级人民检察院负责。

第三章 我国的基本法律概述

第一节 行政法

一 行政与行政法

行政，是指国家行政机关对国家和社会事务进行组织和管理的活动。在我国，人民通过国家权力机关决定治理国家的大政方针，需要由一定的组织机构去贯彻落实，对国家和社会各方面的事务进行有效的组织和管理，这些组织机构就是行政机关。行政机关是国家机构的重要组成部分，是国家权力机构的执行机关。最高国家行政机关是国务院，地方各级国家行政机关是地方各级人民政府。行政机关还包括国务院的各部、委和地方各级人民政府的厅、委、局等工作部门，它们依法设立并代表国家行使行政权力。

行政是一种特殊的管理，是着眼于整个社会，为公共利益服务的。行政机关对国家和社会事务进行组织管理，是人民赋予的权力。但运用权力进行的管理活动并不是随心所欲的，而必须严格地遵循一定的准则，依法进行，因而就有了行政法。现代国家的行政管理活动必须依法进行，行政法就是规范国家行政管理活动的法律规范。在我国，由于行政管理涉及的内容、范围十分广泛，与之相适应，调整各种行政关系的行政法自然也就种类繁多，范围广大。我国目前尚没有一部独立完整的、自成体系的行政法典，我国的行政法是分散在各种法律法规之中的。

按照适用的领域的不同，行政法可以分为经济行政法、工商行政法、公安行政法、卫生行政法、教育行政法、文化行政法等。我们在日常生活中最常见到的，例如公安交通部门对道路交通秩序的行政管理，是依据我国《道路交通安全法》进行的，卫生部门对食品卫生的行政管理，就是按照我国《食品安全法》进行的。

二　行政法的原则与内容

1. 行政法的基本原则。

我国行政法有一些基本原则。例如行政公开的原则，即指行政机关的行政管理，从法律依据、程序到处理决定等都要公开，以促进依法行政并保障人民群众对行政管理的监督。再如效率原则，即指行政管理注重效率。这其中最重要的原则是行政合法性原则和行政合理性原则。

行政合法性原则指行政主体的设立，拥有行政职权和行使行政职权都必须依据法律，不得与法律相抵触，任何违法行政行为都应承担相应的法律责任。行政合法性原则包括实体合法和程序合法两方面的内容。行政实体合法要求：行政职权必须基于法律的设定和授予才能存在；行政职权必须依据行政法律规范行使；行政授权、行政委托必须有行政法律规范的依据。行政程序合法包含三方面的内容：任何人不能成为审理自己案件的法官，这一原则的体现具体表现为回避制度；行政机关在裁决行政纠纷时不能偏听偏信，应当给予当事人同等的辩论机会；决定对当事人不利的事务时，应预先通知当事人并给其发表意见的机会。

行政合理性原则指从行政主体的设立、拥有行政职权、行使行政职权、追究违法行为到实施行政救济等政府行为都应当符合法律的意图或精神，符合正当、客观、适度等法律理性。其主要内容包括：（1）行政行为应符合法律的立法目的；（2）行政行为应建立在正当考量的基础上，要有正当的动机。不得违背社会公平观念或法律精神，必须客观、实事求是，而不是主观臆断，脱离实际，或存在法律动机以外的目的追求；（3）行政行为应考虑相关因素；（4）行政行为应符合客观规律；（5）行政行为应当公正、公开，合乎情理。

2. 行政法的内容。

从行政法的作用来看，我国的行政法可以分为：（1）行政组织法，指规定行政机关的设置、任务、地位、组成、职权职责、活动程序和方法，以及行政机关工作人员的录用、培训、考核、奖惩、晋升、权利义务等的法律规范。（2）行政行为法，指规定行政机关实施行政立法、执法、司法等方面的行为的法律规范。（3）行政监督法，指规定对行政机关是否依法行政实施监督的法律规范。

国家行政机关的基本职能是行政执法，行政执法活动是行政机关对国家和社会事务实施管理的基本形式。具体来说，行政执法是行政机关依照法定程序对被管理者采取的具体行为，这种行为的作出会直接影响被管理者的权利和义务。

在行政法律关系中，管理者与被管理者往往是处在一种领导与被领导、命令与服从的地位，主体双方的地位是不对等的。并且，作为国家行政机关的一方可以直接运用国家机关的权力，对另一方实施制裁或采取强制执行措施。例如在行政执法中，公安机关可以对违反《治安管理处罚法》的公民予以拘留处罚。这就存在一个问题，即一旦行政机关滥用职权，违法行政，被管理者的合法权益必然会受到不良影响。为了保证行政行为的公正合法，防止违法、越权和滥用权力，保障公民和组织的合法权益，我国还制定了《行政许可法》和《行政复议法》。

三　行政许可法

行政许可是指行政主体根据行政相对方的申请，依照有关法律、法规的规定，通过颁发许可证、执照或批准、登记、认可等方式，允许其从事某项活动，行使某项权利，获得某种资格和能力的具体行政行为。《中华人民共和国行政许可法》于2003年通过。

根据《行政许可法》的规定，下列事项可以设定行政许可：(1) 直接涉及国家安全、公共安全、经济宏观调控、生态环境保护以及直接关系人身健康、生命财产安全等特定活动，需要按照法定条件予以批准的事项；(2) 有限自然资源开发利用、公共资源配置以及直接关系公共利益的特定行业的市场准入等，需要赋予特定权利的事项；(3) 提供公众服务并且直接关系公共利益的职业、行业，需要确定具备特殊信誉、特殊条件或者特殊技能等资格、资质的事项；(4) 直接关系公共安全、人身健康、生命财产安全的重要设备、设施、产品、物品，需要按照技术标准、技术规范，通过检验、检测、检疫等方式进行审定的事项；(5) 企业或者其他组织的设立等，需要确定主体资格的事项；(6) 法律、行政法规规定可以设定行政许可的其他事项。

同时，《行政许可法》还规定，上述所列事项，能够通过下列方式予以规范的，可以不设行政许可：(1) 公民、法人或者其他组织能够自主决定的；(2) 市场竞争机制能够有效调节的；(3) 行业组织或者中介机构能够自律管理的；(4) 行政机关采用事后监督等其他行政管理方式能够解决的。

行政许可的办理程序：(1) 申请。公民、法人或者其他组织从事特定活动，依法需要取得行政许可的，应当向行政机关提出申请。(2) 审查与决定。申请人的申请符合法定条件、标准的，行政机关应当依法作出准予行政许可的书面决定。行政机关依法作出不予行政许可的书面决定的，应当说明理由，并告知申请人享有依法申请行政复议或者提起行政诉讼的权利。(3) 期限。行政机关对行政许可申请进行审查后，除当场作出行政许可决定的外，行政机关应当自受理行政许可申请之日起20日内作出行政许可决定。20日内不能作出决定的，经本行政机关负责人批准，可以延长

10日，并应当将延长期限的理由告知申请人。但是，法律、法规另有规定的，依照其规定。

有下列情形之一的，作出行政许可决定的行政机关或者其上级行政机关，根据利害关系人的请求或者依据职权，可以撤销行政许可：（1）行政机关工作人员滥用职权、玩忽职守作出准予行政许可决定的；（2）超越法定职权作出准予行政许可决定的；（3）违反法定程序作出准予行政许可决定的；（4）对不具备申请资格或者不符合法定条件的申请人准予行政许可的；（5）依法可以撤销行政许可的其他情形。

此外，《行政许可法》还对行政许可中的听证制度、行政许可的变更与延续、行政许可的费用以及监督检查、法律责任等方面作出了详细的规定。

四 行政处罚法

行政处罚是指行政机关或其他行政主体依照法定权限和程序对违反行政法规尚未构成犯罪的相对方给予行政制裁的具体行政行为。《中华人民共和国行政处罚法》于1996年3月通过。

行政处罚的主体是行政机关或法律、法规授权的其他行政主体；行政处罚的对象是作为相对方的公民、法人或其他组织；行政处罚的前提是相对方实施了违反行政法律规范的行为；行政处罚的性质是一种以惩戒违法为目的具有制裁性的具体行政行为。

行政处罚的基本原则包括：处罚法定原则；公开、公正原则；处罚与教育相结合原则；保护当事人合法权益原则；一事不再罚原则；过错与处罚相适应原则等。

行政处罚的种类有七类：警告；罚款；没收违法所得、没收非法财物；责令停产停业；暂扣或者吊销许可证、暂扣或者吊销执照；行政拘留；法律、行政法规规定的其他行政处罚。

国务院或者经国务院授权的省、自治区、直辖市人民政府可以决定一个行政机关行使有关行政机关的行政处罚权，但限制人身自由的行政处罚权只能由公安机关行使。行政处罚由违法行为发生地的县级以上地方人民政府具有行政处罚权的行政机关管辖。法律、行政法规另有规定的除外。对管辖发生争议的，报请共同的上一级行政机关指定管辖。

行政处罚的程序包括简易程序、一般程序和执行程序。

（1）行政处罚的简易程序。适用简易程序的条件是：①违法事实清楚；②有法定依据；③较小数额罚款或者警告的行政处罚。行政主体的行政执法人员在进行当场处罚时，应遵循下列程序：①表明身份；②说明处罚理由；③给予当事人陈述和申辩的机会；④制作笔录；⑤制作当场处罚决定书；⑥备案。

（2）行政处罚的一般程序。又称普通程序，是行政机关进行行政处罚所遵循的最基本的程序。它适用范围广，较之简易程序严格、复杂，同时作为听证程序的前提程序。行政处罚的一般程序包括以下几个步骤：①立案；②调查取证；③告知当事人拟作行政处罚的事实和理由以及告之其有申辩的权利；④听取当事人的申辩；⑤作出行政处罚的决定，同时制作行政处罚决定书，并送达行政处罚决定书。

（3）行政处罚的执行程序。行政处罚的执行程序有以下三项重要内容：①实行处罚机关与收缴罚款机构相分离。②严格实行收支两条线。除当场收缴的罚款外，作出行政处罚决定的行政机关及其执法人员不得自行收缴罚款。当事人应当自收到行政处罚决定书之日起十五日内，到指定的银行缴纳罚款。银行应当收受罚款，并将罚款直接上缴国库。③行政处罚的强制执行。行政处罚决定作出之后，当事人应当在法定期限内自觉履行行政处罚决定所设定的义务，如果当事人没有正当理由逾期不履行，则导致强制执行。实行强制执行有三种措施：一是到期不缴纳罚款的，每日按罚款数额的3%加处罚款；二是将查封、扣押的财物拍卖或者将冻结的存款划拨抵缴罚款；三是申请法院强制执行。

五 行政复议法

行政复议是监督行政的一种重要形式，是上级国家行政机关对下级国家行政机关的行政活动进行层级监督的一种制度化、规范化的行政行为，也是国家行政机关内部为依法行政而进行自我约束的重要机制。《中华人民共和国行政复议法》于1999年4月29日通过，自1999年10月1日起施行。这是推进我国政府依法行政的又一部重要的法律。

行政复议是指公民、法人或其他组织认为具体行政行为或者部分抽象行政行为侵犯其合法权益，依法向上级行政机关或者法律、法规规定的其他机关提出申请，由受理申请的行政机关对具体行政行为依法进行审查并作出处理决定的行政行为。简单地说，行政复议是行政系统内部对行政行为合法性的保证与纠正。

行政复议的主要特征是：它是一种行政机关的行政行为，而不是司法机关的行为；它是以行政争议为处理对象的行为；它是以具体行政行为为审查对象，并附带审查部分抽象行政行为；它是因行政相对人的申请而启动的复议；它是一种行政司法行为，其结果是一种行政性的裁判。

1. 行政复议的范围。

《行政复议法》按照具体行政行为的不同种类将行政复议的范围进行了规定：（1）对行政机关作出的警告、罚款、没收违法所得、没收非法财物、责令停产停业、暂扣或者吊销许可证、暂扣或者吊销执照、行政拘留等行政处罚决定不服的；（2）对行政机关作出的限制人身自由或者查封、扣押、冻结财产等行政强制措施决定不服的；（3）对行政机关作出的有关许可证、执照、资质证、资格证等证书变更、中止、撤销的决定不服的；（4）对行政机关作出的关于确认土地、矿藏、水流、森林、山岭、草原、荒地、滩涂、海域等自然资源的所有权或者使用权的决定不服的；（5）认为行政机关侵犯合法的经营自主权的；（6）认为行政机关变更或者废止农业承包合同，侵犯其合法权益的；（7）认为行政机关违法集资、征收财物、摊派费用或者违法要求履行其他义务的；（8）认为符合法定条件，申请行政机关颁发许可证、执照、资质证、资格证等证书，或者申请行政机关审批、登记有关事项，行政机关没有依法办理的；（9）申请行政机关履行保护人身权利、财产权利、受教育权利的法定职责，行政机关没有依法履行的；（10）申请行政机关依法发放抚恤金、社会保险金或者最低生活保障费，行政机关没有依法发放的；（11）认为行政机关的其他具体行政行为侵犯其合法权益的。

对于抽象行政行为的行政复议，《行政复议法》规定，公民、法人或者其他组织认为行政机关的具体行政行为所依据的下列规定不合法，在对具体行政行为申请行政复议时，可以一并向行政复议机关提出对该规定的审查申请：（1）国务院部门的规定；（2）县级以上地方各级人民政府及其工作部门的规定；（3）乡、镇人民政府的规定。以上所列规定不含国务院部、委员会规章和地方人民政府规章。规章的审查依照法律、行政法规办理。

2. 行政复议的程序。

（1）行政复议的申请。《行政复议法》规定：公民、法人或者其他组织认为具体行政行为侵犯其合法权益的，可以自知道该具体行政行为之日起60日内提出行政复议申请；但是法律规定的申请期限超过60日的除外。因不可抗力或者其他正当理由耽误法定申请期限的，申请期限自障碍消除之日起继续计算。申请人申请行政复议，可以书面申请，也可以口头申请；口头申请的，行政复议机关应当当场记录申请人的基本情况、行政复议请求、申请行政复议的主要事实、理由和时间。

（2）行政复议的受理行政复议机关收到行政复议申请后，应当在五日内进行审查，对不符合《中华人民共和国行政复议法》规定的行政复议申请，决定不予受理，并书面告知申请人；对符合本法规定，但是不属于本机关受理的行政复议申请，应当告知申请人向有关行政复议机关提出。除了上述不予受理的情形外，行政复议申请自行政复议机关负责法制工作的机构收到之日起即为受理。

（3）行政复议的审理。行政复议的审理是行政复议机关对受理的行政争议案件进行合法性和适当性审查的过程，是行政复议程序的核心。行政复议机关应当自受理申请之日起六十日内作出行政复议决定；但是法律规定的行政复议期限少于六十日的除外。情况复杂，不能在规定期限内作出行政复议决定的，经行政复议机关的负责人批准，可以适当延长，并告知申请人和被申请人；但是延长期限最多不超过三十日。

行政复议机关在审查行政争议案件时，不仅可以对具体行政行为是否合法和适当进行审查，而且还必须全面审查具体行政行为所依据的事实和规范性文件，不受复议申请范围的限制。

行政复议原则上采取书面审查的办法，但是申请人提出要求或者行政复议机关负责法制工作的机构认为有必要时，可以向有关组织和人员调查情况，听取申请人、被申请人和第三人的意见。

（4）行政复议的决定。《行政复议法》规定，行政复议机关负责法制工作的机构应当对被申请人作出的具体行政行为进行审查，提出意见，经行政复议机关的负责人同意或者集体讨论通过后，按照下列规定作出行政复议决定：①具体行政行为认定事实清楚，证据确凿，适用依据正确，程序合法，内容适当的，决定维持；②被申请人不履行法定职责的，决定其在一定期限内履行；③具体行政行为有下列情形之一的，决定撤销、变更或者确认该具体行政行为违法；决定撤销或者确认该具体行政行为违法的，可以责令被申请人在一定期限内重新作出具体行政行为：一是主要事实不清、证据不足的；二是适用依据错误的；三是违反法定程序的；四是超越或者滥用职权的；五是具体行政行为明显不当的。

第二节　民法

一　民法的基本概念

“民法”一词源于罗马法中的市民法，有人认为民法就是市民之法，说民法是处理民间事务的法律。当然，这种说法并不准确，可也并非全无道理——民间事务包罗万象，民法调整的只是限于平等主体之间的财产关系和人身关系。

财产关系，是指人们在生产、分配、交换和消费物质财富的过程中发生的社会关系，如所有权关系、债权关系、继承权关系等。人身关系，是指与人身不可分离而又没有直接经济内容的社会关系，如姓名权、荣誉权等关系。

“在民法慈母般的眼里，每一个人都是整个国家。”孟德斯鸠的这句话形象地道出了民法主体地位的一大特征，即平等。在民事活动领域中，个人和国家地位是平等的，没有个人从属于国家，或者国家与个人地位的不平等。国家作为民事主体享有的权利和个人一样，平等享有。从这个意义上说，每一个人就像各个独立的国家一样，地位均等，而且其所享有的权利在整个国家范围内是普遍有效的。

民事法律关系，指根据民事法律规范确立的以民事权利义务为内容的社会关系，是由民事法律规范调整而形成的社会关系。民法调整社会关系是赋予民事主体权利和义务，因此，民事法律关系也就是民事权利义务关系。民事法律关系包括民事主体、民事法律关系的内容即民事权利民事义务和民事法律关系的客体。民事法律关系一经确立，当事人一方即享有民事权利，而另一方便负有相应的民事义务。比如生活中借款行为，一方有还款义务，另一方有催款的权利，这种债权债务关系就是民事法律关系。

二　我国的民法

在我国民事法律中占主导地位的是《中华人民共和国民法通则》。此外还有若干单行的民事法律，如《合同法》、《物权法》《专利法》、《继承法》、《著作权法》等。《民法通则》于1986年4月12日经第六届全国人大第四次会议通过，从1987年1月1日起开始施行。

1. 我国民法的基本原则。

民法的基本原则，是民法制定和实施的基础。掌握了民法的基本原则，便掌握了民法的精神。我国民法的基本原则包括：

当事人法律地位平等原则。这是指在民事法律关系中，民事主体的地位完全平等，即在民事活动中，民事主体的权利能力平等，权利与义务必须一致。

自愿、公平、等价有偿、诚实信用原则。当事人法律地位平等，因而当事人可以自主自愿地进行民事活动，而且要在公平合理的条件下进行；在发生财产关系时，当事人之间必须等价、有偿，即等价交换，不得无偿占有；当事人之间的民事活动还要建立在诚实、守信用的基础上。

合法民事权益受法律保护原则。其是指法律保护民事主体的合法权益，凡属合法取得的民事权益，任何组织和个人都不得侵犯。

民事活动必须遵守法律，法律没有规定的，应当遵守国家政策。民事活动应当尊重社会公德，不得损害公共利益、扰乱社会经济秩序。

2. 民事主体。

民事主体是指民事活动的参加者，即在民事法律关系中依法享有权利和承担义务的人或组织。民事主体主要包括公民和法人。公民也叫自然人。法人是相对于自然人的另一类民事主体，是享有民事主体资格的组织，例如公司等。法人是法律所创制的人格，是社会组织在法律上的人格化。《民法通则》第36条规定："法人是具有民事权利能力和民事行为能力，依法独立享有民事权利和承担民事义务的组织。"

民事权利能力和民事行为能力是民事主体参加民事活动的基础。民事权利能力是指法律赋予公民和法人享有民事权利、承担民事义务的资格。公民从出生时起到死亡时止，具有民事权利能力。法人的民事权利能力从法人成立时产生，到法人终止时失去。民事行为能力是指公民和法人能够以自己的行为独立进行民事活动，享有权利并承担义务的资格。公民的民事行为能力根据年龄和智力状况的不同分为三类：（1）有完全民事行为能力的人，指18周岁以上的公民；16周岁以上不满18周岁的公民，以自己的劳动收入为主要生活来源的，也视为有完全民事行为能力。（2）限制民事行为能力的人，指10周岁以上的未成年人，可以进行与其年龄、智力相适应的民事活动，其他民事活动由其法定代理人代理，或征得其法定代理人同意后进行；不能完全辨认自己行为的精神病人也是限制民事行为能力的人。（3）无民事行为能力的人，指不满10周岁的未成年人和完全不能辨认自己行为的精神病人，其民事活动由其法定代理人代理。法人的民事行为能力则从法人成立时产生，到法人终止时终止。

3. 民事法律行为。

民事法律关系由民事主体、客体、内容三者构成。引起民事法律关系发生、变更和终止的原因是法律事实。法律事实分为两类：一类是事件，它是不以人的意志为转移的。例如人的死亡（事件），会引起继承法律关系的发生。另一类是行为，是指有意识地去做或不做某事。我国《民法通则》第54条规定："民事法律行为是公民或者法人设立、变更、终止民事权利和民事义务的合法行为。"可见，合法行为才是引起民事法律关系的发生、变更和终止的民事法律行为，即有效的法律行为。

有效的法律行为必须具备四个条件：一是行为人具有相应的民事行为能力；二是行为人的意思表示真实；三是不违反法律和社会公共利益；四是行为的形式不违反法律的规定。凡不具备这四个条件的民事行为便是无效的民事行为。民事行为被确认无效后，当事人因为该行为从对方取得财产利益的，应根据不同情况，或返还原物，或赔偿损失等。

4. 民法中的各种民事权利。

（1）财产所有权。《民法通则》规定，财产所有权是指财产所有人依法对自己的财产享有占有、使用、收益和处分的权利。在我国，所有权分为国家财产所有权、集体财产所有权和个人财产所有权。在所有权法律关系中，财产所有权的享有者叫所有人，是权利主体。任何人不得非法侵犯或妨碍所有人行使所有权。所有权法律关系中的客体是物，如国家所有的土地、个人所有的汽车等。财产所有权法律关系的内容主要是指所有人依法对所有财产的占有、使用、收益和处分四项权能。

占有权指所有人对自己财产的实际控制或支配的权利；使用权指所有人对财产的运用和利用的权利；收益权指所有人基于自己的财产取得利益的权利，如出租房屋而取得租金；处分权指所有人处置自己财产的权利。

保护国家财产所有权、集体财产所有权和公民个人财产所有权是社会主义法律的重要任务。民法则是在所有权发生争议或者所有权受到非法侵犯时，以确认所有权和对侵犯财产所有权的行为追究民事责任的方法，对财产所有权进行保护。这种保护主要是通过诉讼（俗称打官司）来进行的。人民法院通过民事审判对所有权进行保护，有以下几种方法：当所有权的归属发生争议时，确认产权的归属；当财产被非法损坏时，可以要求加害人予以修复、恢复原状；当财产被非法占有时，可以要求加害人返还原物；当财产原物已经灭失时，可以要求加害人赔偿。

（2）债权。债权是公民、法人享有的请求特定义务人按照合同约定或者法律规定履行义务的权利。民法中所说的债，并不是指通常所说的“欠债还钱”那种负债，而是表现为一种行为，依照合同或依法履行义务。

根据《民法通则》的规定，债权发生的根据有：因合同约定所生债权，这是最主要的原因；因侵权行为所生债权；因无因管理和不当得利所生债权。前两种情况很常见。合同之债种类繁多，适用的范围也很广。例如买卖合同的双方，一方有付款的义务，一方有交货的义务，无论哪一方不履行义务，对方都可以以债权人身份要求清偿债务。侵权之债是指主体的人身或财产受到不法侵害，受害人可以以债权人身份请求赔偿。后两种情况，即无因管理之债和不当得利之债，是债权的两种特殊形式。

无因管理，是指没有法律规定的或者约定的义务，为避免他人利益受损失而自愿管理他人事务或为他人提供服务的行为，如为外出的邻居代交水电费等，这种债的关系形成以后，垫付水电费的债权人有权要求其邻居偿还债务。不当得利，是指没有合法根据取得不当利益而造成他人的损失，如拾到他人遗失财物，这种债的关系形成以后，失主即债权人有权要求不当得利人返还财物。

（3）人身权。民事主体除了享有财产方面的权利外，还享有人身权。人身权，是指与人身有密切联系而无直接财产内容的民事权利。人身权主要包括：①生命健康权，这是公民最基本的权利，公民的生命健康权不受非法侵害。②姓名权，指公民依法使用、改变其姓名的权利，禁止他人干涉、盗用、假冒；法人组织享有名称权。③肖像权，指公民依法制作和使用自己肖像的权利，未经本人同意，他人不得以营利为目的使用公民肖像。④名誉权，指公民和法人有依法维护自己名誉的权利，他人不得以任何方式损害公民、法人的名誉。⑤荣誉权，指公民和法人有依法维护自身获得的光荣称号等荣誉的权利。此外，人身权还包括婚姻自主权利、男女平等权利、隐私权以及知识产权中的人身权等等。

（4）财产继承权。财产继承权也是公民重要的民事权利。财产继承是指死者的遗留财产被转移给继承人的法律制度。在继承法律关系中，死者为被继承人，接受遗产者为继承人，死者遗留的财产叫做遗产，继承人依法取得遗产的权利称为遗产继承权。

根据我国《继承法》的规定，继承在我国分为法定继承和遗嘱继承。法定继承，是按照法律规定的继承人范围、继承人顺序进行遗产分配。《继承法》规定的继承人范围和顺序是：第一顺序：配偶、子女、父母。丧偶儿媳对公婆，丧偶女婿对岳父母尽了主要赡养义务的，作为第一顺序继承人。第二顺序：兄弟姐妹、祖父母、外祖父母。遗嘱继承，指被继承人以遗嘱形式将遗产进行分配，继承人依照被继承人的遗嘱继承遗产。

我国《继承法》的基本原则主要有：保护公民合法财产的继承权；继承权男女平等；互谅互让，团结和睦；权利义务相一致。

（5）知识产权。知识产权，是民事主体因其创造性的智力劳动成果而依法享有的专有民事权利。知识产权主要包括著作权、专利权、商标权、发明权等，这些民事权利也是我国民法所保护的。

知识产权与其他民事权利相比，具有三个特点：其一，具有两重性，即知识产权既有人身权的性质，又有财产权的性质，其人身权利部分不能转让、赠与或继承，而财产权部分可以转让、赠与或继承。其二，具有专有性、和特定人的身份密切联系，即知识产权不经许可，只能由权利人享有。其三，具有地域性和时间性，即知识产权在一国取得，只在该国有效，并且财产权利部分具有一定时限的有效期。

5. 民事责任。

民事责任是指民事主体违反民事义务，依法所应承担的法律后果。在民事法律关系中，义务主体不履行自己的义务，使权利主体的权利无法实现，不法行为人侵犯他人的合法权益并造成损害，都应当依照民事法律的规定承担民事责任。

民事责任是法律责任的一种，民事责任主要有以下法律特征：是违反民事法律所应承担的法律责任；是违约人和不法行为人对受害人承担的法律责任；它主要是一种财产责任；它的范围与所造成的损失或损害相适应。民事责任主要包括两大类：侵权的民事责任和违反合同的民事责任。

根据《民法通则》的规定，一般民事责任的构成，必须具备下列要件：第一，行为具有违法性，即行为人的行为违反了民事法律规范的规定。第二，损害事实存在，即行为人的行为造成了一定的损害事实。第三，违法行为与损害事实具有因果关系，即损害事实是由该违法行为造成的。第四，行为人有过错，即行为人存在主观上的故意或者过失，如果由于不可抗力的原因造成他人损害的，即使其行为在客观上造成了损害结果，也无需承担民事责任，除非法律另有规定。

根据《民法通则》的规定，行为人承担民事责任的方式主要有十种：停止侵害；排除妨碍；消除危险；返还财产；恢复原状；修理、重作、更换；赔偿损失；支付违约金；消除影响、恢复名誉；赔礼道歉。这些承担民事责任的方式，可以单独适用，也可以合并适用。

第三节　刑法

一　刑法的基本概念

社会上存在着各种犯罪，实施犯罪行为应当受到处罚。规定什么行为是犯罪，犯罪应当受到什么处罚的法律就是刑法。刑法是关于犯罪和刑罚的法律规范的总和。

刑法是规定犯罪、刑事责任和刑罚的法律，是掌握政权的统治阶级为了维护本阶级政治上的统治和经济上的利益，根据其阶级意志，规定哪些行为是犯罪并应当负刑事责任，给予犯罪人何种刑事处罚的法律。

刑法具有公法的特征。公法是与私法相对应的概念，公法是指涉及公共利益，尤其是国家利益的法律。而私法是指涉及私人利益的法律。公法调整的是纵向的法律关系，在公法关系中，国家与个人处于法律上的从属地位。而私法调整的是横向的法律关系，在私法关系中，公民之间处于法律上的平等地位。刑法作为一种公法，个人处于受国家权力支配的法律地位，只要主体的行为触犯刑律构成犯罪，即应当受到司法机关的刑事追究。

二　我国的刑法

根据我国《刑法》的规定，刑法的任务是用刑罚同一切刑事犯罪行为作斗争，以保卫国家安全，保卫人民民主专政的政权和社会主义制度，保护国有财产和劳动群众集体所有的财产，保护公民私人所有的财产，保护公民的人身权利、民主权利和其他权利，维护社会秩序、经济秩序，保障社会主义建设事业的顺利进行。

1. 刑法的基本原则。我国刑法有四个基本原则：第一，罪刑法定原则，即什么是犯罪，有哪些犯罪，有哪些刑罚，什么罪适用什么刑罚，都由刑法明确作出规定。第二，罪刑相适应原则，即根据罪行危害的大小，决定处罚的轻重，也就是重罪重判，轻罪轻判，罪刑相称，罚当其罪。第三，罪责自负原则，即谁犯罪谁承担罪责，一人犯罪一人当，不株连无辜者。第四，惩罚与教育相结合原则，即除了对少数罪大恶极的犯罪分子处以死刑立即执行以外，对其他犯罪分子通过劳动改造进行教育，逐步把他们改造成新人，惩罚与教育相结合，从而预防犯罪，减少犯罪。

2. 犯罪。犯罪有三个基本特征：其一，犯罪是危害社会的行为，即具有社会危害性，如杀人、抢劫等，都是对社会安定、人民生命财产具有重大危害的行为。其二，犯罪是触犯刑律的行为，即具有刑事违法性，犯罪行为都是刑法所明文禁止的行为。其三，犯罪是应当受到刑罚处罚的行为，即具有应受处罚性。所以，我们也可以简单地说，犯罪就是危害社会且触犯刑律的，应受到刑罚处罚的行为。

根据我国《刑法》规定，在犯罪时已满 16 岁的人处于完全负刑事责任时期，即他们应对所犯的一切犯罪行为负刑事责任；犯罪时已满 14 岁不满 16 岁的人处于相对负刑事责任时期，只对几种社会危害性较大的犯罪，如故意杀人、故意伤害致人重伤或者死亡、强奸、抢劫、贩卖毒品、放火、爆炸、投放危险物质罪等，负刑事责任；不满 14 岁的人处于完全不负刑事责任时期，对他们所实施的危害社会的行为，不追究刑事责任。

充分考虑到青少年的生理及心理特点，《刑法》明文规定：已满 14 岁不满 18 岁的人犯罪，应当从轻或者减轻处罚；犯罪的时候不满 18 岁的人不适用死刑；已满 16 岁不满 18 岁的，如果所犯罪行特别严重，可以判处死刑缓期两年执行；因不满 16 岁不处罚的，责令其家长或者监护人加以管教，在必要的时候，可由政府收容教养。

《刑法》还规定：精神病人在不能辨认或者不能控制自己行为的时候造成危害结果的，不负刑事责任；间歇性精神病人，在精神正常的时候犯罪或者醉酒的人犯罪，应负刑事责任；又聋又哑的人或盲人犯罪，可以从轻、减轻或免除处罚。

3. 刑罚。有了犯罪行为，与之相对应，就需要解决如何对犯罪进行惩罚的问题。这便是刑罚。刑罚是国家审判机关——人民法院代表国家依法对犯罪分子实行惩罚的强制方法。我国《刑法》规定的刑罚种类有以下几种：

（1）主刑，又称基本刑，是指审判机关对犯罪分子判处刑罚时，只能独立适用，不能附加适用的刑罚。我国《刑法》规定的主刑有管制、拘役、有期徒刑、无期徒刑、死刑五种。

管制是人民法院依法判处的，对犯罪分子不予关押，但限制一定的自由，在公安机关管束和群众监督下进行劳动改造的一种刑罚方法。管制的期限为3个月以上2年以下，数罪并罚时最多不得超过3年。拘役是短期剥夺犯罪分子的人身自由，就近强制进行劳动改造的刑罚方法。拘役的期限为1个月以上6个月以下，数罪并罚时最多不能超过1年。有期徒刑是剥夺犯罪分子一定期限的人身自由，并实行强迫劳动改造的刑罚方法。有期徒刑的期限为6个月以上15年以下，在特定的情况下可达到20年。无期徒刑是剥夺犯罪分子终身自由，并实行强迫劳动改造的刑罚方法。死刑是剥夺犯罪分子生命的，刑罚中最严厉的刑罚方法。死刑只适用于罪大恶极的犯罪分子。为尽可能地改造挽救犯罪分子，我国在世界上首创了死刑缓期两年执行的制度，即对被判处死刑的犯罪分子，不立即执行，宣告缓期二年执行，以观后效。

（2）附加刑，又称从刑，是补充主刑适用的刑罚方法，可以单独适用，也可以同主刑合并适用。我国《刑法》规定的附加刑有罚金、剥夺政治权利、没收财产三种。罚金是人民法院判处犯罪分子向国家缴纳一定数额金钱的刑罚方法。剥夺政治权利是剥夺犯罪分子参加国家管理的政治权利的刑罚方法。没收财产是将犯罪分子个人所有财产的一部或者全部强制无偿地收归国有的刑罚方法。

另外，对犯罪的外国人，可以独立适用或者附加适用驱逐出境。

4. 正当防卫与紧急避险。《刑法》中规定的正当防卫，是指为了使公共利益、本人或者他人的人身和其他权利免受正在进行的不法侵害，对实施不法侵害的人所采取的必要的防卫行为。正当防卫必须具备以下条件：(1) 必须有危害社会的不法侵害行为发生。这种侵害通常是指犯罪行为的侵害，有时也包括一些严重违法行为的侵害。(2) 不法侵害行为必须是正在进行的。所谓正在进行，是指不法侵害行为已经开始而且尚未结束，也就是说，不法侵害处于实行阶段。对于尚未开始或者已经结束的侵害，不得实行正当防卫。(3) 防卫行为必须是为使合法利益免受不法侵害而实施的。(4) 防卫行为必须是针对实施侵害者本人的。(5) 防卫行为不能超过必要的限度。防卫行为超过必要限度造成不应有的危害的，属防卫过当，应负刑事责任，但应酌情减轻或者免除处罚。

紧急避险是指为了使公共利益、本人或者他人的人身和其他权利免受正在发生的危险，不得已而采取的损害另一方较小合法利益的行为。例如，为了防止旅客列车的倾覆，人们将因机械故障而停在铁路桥上的汽车推入河中；消防队员在救火时，为了防止火势蔓延而拆毁火场周围的房屋。

紧急避险必须具备以下条件：(1) 必须是合法利益受到危险的威胁。这种危险，其来源可能是人的不法侵害，也可能是自然灾害等。(2) 危险必须是正在发生的。如果危险尚未到来或者已经过去，都不能实行紧急避险行为。(3) 避险行为是为了使合法利益免受损害而实施的。(4) 避险行为必须是在不得已的情况下实施。如果能用其他办法避免危险，就不能实行避险行为。(5) 避险行为不能超过必要的限度。紧急避险所引起的损害，必须比所避免的损害要轻。避险行为超过必要的限度造成不应有的危害的，是避险过当，应负刑事责任，但应酌情减轻或者免除处罚。紧急避险同正当防卫一样，不仅不具有社会危害性，相反，是一种对社会有益的行为。

5. 犯罪种类。我国刑法把犯罪分为以下10大种类：

（1）危害国家安全罪。其是指以推翻人民民主专政的政权和社会主义制度、危害国家主权、破坏国家统一为目的、危害中华人民共和国的行为。包括：背叛国家罪、分裂国家罪、煽动分裂国家罪、颠覆国家政权罪、投敌叛变罪、叛逃罪、间谍罪等。

（2）危害公共安全罪。其是指故意或者过失地实施危害不特定多数人的生命、健康和重大公私财产安全的行为。包括：放火罪、爆炸罪、失火罪、投放危险物质罪、破坏交通工具罪、过失损坏交通工具罪、破坏交通设施罪、过失损坏交通设施罪、破坏易燃易爆设备罪、破坏通讯设备罪、交通肇事罪、重大责任事故罪、劫持航空器罪等。

（3）破坏社会主义市场经济秩序罪。其是指违反国家财政经济管理法规，破坏国家经济管理活动，扰乱经济管理秩序，严重危害国民经济的行为。包括：生产、销售伪劣商品罪、走私罪、妨害对公司企业的管理秩序罪、破坏金融管理秩序罪、金融诈骗罪、危害税收征管罪、侵犯知识产权罪、扰乱市场秩序罪等。

（4）侵犯公民人身权利、民主权利罪。实际上包括两类犯罪：一类是侵犯公民人身权利罪，是指故意或者过失地实施侵犯公民人身和与公民人身权利有关的权利的行为。包括：故意杀人罪、故意伤害罪、过失致人重伤罪、强奸罪、非法拘禁罪、侮辱罪、诽谤罪等。另一类是侵犯公民民主权利罪，是指非法剥夺或者妨害公民依法享有的管理国家、参加政治生活的权利及其他民主权利的行为。包括破坏选举罪等。

（5）侵犯财产罪。其是指使用非法手段，将公私财物据为己有，或者故意加以毁坏的行为。包括：抢劫罪、抢夺罪、盗窃罪、诈骗罪、敲诈勒索罪、贪污罪等。

（6）妨害社会管理秩序罪。其是指妨害国家机关、企事业单位的管理活动和社会公共秩序的行为。包括：妨害公务罪、冒充国家工作人员招摇撞骗罪、窝藏罪、包庇罪、寻衅滋事罪、赌博罪等。

（7）危害国防利益罪。其是指故意或者过失危害国防利益，依照法律应受刑罚处罚的行为。包括：阻碍军人执行职务罪、阻碍军事行动罪、冒充军人招摇撞骗罪等。

（8）贪污贿赂罪。其是指国家工作人员利用职务上的便利，贪污公共财物、挪用公款、索取或者非法收受他人财物为他人谋取利益以及其他贪利性的职务犯罪行为和相关的行贿、介绍贿赂等犯罪以及由国家机关、国有公司、企业、事业单位、人民团体实施的贿赂及其相关的犯罪。包括：贪污罪、受贿罪、行贿罪、单位受贿罪、对单位行贿罪等。

（9）渎职罪。其是指国家工作人员利用职务上的便利实施的或者因玩忽职守造成侵害国家机关的正常活动，致使国家和人民的利益遭受重大损失的行为。包括：滥用职权罪、玩忽职守罪、徇私枉法罪、泄露国家机密罪等。

（10）军人违反职责罪。其是指现役军人，违反军人职责，危害国家军事利益，依照法律应当受到刑罚处罚的行为。包括战时违抗命令罪、投降罪、武器装备肇事罪等。

三 国家机关工作人员常见犯罪及处罚

1. 贪污罪。

贪污罪，是指国家工作人员和受国家机关、国有公司、企业、事业单位、人民团体委托管理、经营国有财产的人员，利用职务上的便利，侵吞、窃取、骗取或者以其他手段非法占有公共财物的行为。

我国《刑法》第三百八十三条规定：对犯贪污罪的，根据情节轻重，分别依照下列规定处罚：（1）个人贪污数额在十万元以上的，处十年以上有期徒刑或者无期徒刑，可以并处没收财产；情节特别严重的，处死刑，并处没收财产。（2）个人贪污数额在五万元以上不满十万元的，处五年以上有期徒刑，可以并处没收财产；情节特别严重的，处无期徒刑，并处没收财产。（3）个人贪污数额在五千元以上不满五万元的，处一年以上七年以下有期徒刑；情节严重的，处七年以上十年以下有期徒刑。个人贪污数额在五千元以上不满一万元，犯罪后有悔改表现、积极退赃的，可以减轻处罚或者免予刑事处罚，由其所在单位或者上级主管机关给予行政处分。（4）个人贪污数额不满五千元，情节较重的，处二年以下有期徒刑或者拘役；情节较轻的，由其所在单位或者上级主管机关酌情给予行政处分。对多次贪污未经处理的，按照累计贪污数额处罚。

《刑法》第二百七十一条规定：公司、企业或者其他单位的人员，利用职务上的便利，将本单位财物非法占为己有，数额较大的，处五年以下有期徒刑或者拘役；数额巨大的，处五年以上有期徒刑，可以并处没收财产。国有公司、企业或者其他国有单位中从事公务的人员和国有公司、企业或者其他国有单位委派到非国有公司、企业以及其他单位从事公务的人员有前述行为的，依照刑法关于贪污罪的规定定罪处罚。

2. 受贿罪。

受贿罪是指国家工作人员利用职务上的便利，索取他人财物，或者非法收受他人财物，为他人谋取利益的行为。

我国刑法规定了以受贿罪论处的两种情形：（1）国家工作人员在经济往来中，违反国家规定，收受各种名义的回扣、手续费，归个人所有的，以受贿论处。（2）国家工作人员利用本人职权或者地位形成的便利条件，通过其他国家工作人员职务上的行为，为请托人谋取不正当利益，索取请托人财物或者收受请托人财物的，以受贿论处。

本罪的主体是特殊主体，即国家工作人员。国家工作人员包括：当然的国家工作人员，即在国家机关中从事公务的人员；拟定的国家工作人员，即国有公司、企事业单位、人民团体中从事公务的人员和国家机关、国有公司、企事业单位委派到非国有公司、企事业单位、社会团体从事公务的人员，以及其他依照法律从事公务的人员。本罪在主观方面是由故意构成，只有行为人是出于故意所实施的受贿犯罪行为才构成受贿罪，过失行为不构成本罪。如果国家工作人员为他人谋利益，而无受贿意图，后者以酬谢名义将财物送至其家中，而前者并不知情，不能以受贿罪论处。

犯受贿罪的，根据受贿所得数额和情节，依照《刑法》第三百八十三条关于贪污罪的处罚进行处罚。

3. 挪用公款罪。

挪用公款罪，是指国家工作人员，利用职务上的便利，挪用公款归个人使用，进行非法活动的，或者挪用公款数额较大、进行营利活动的，或者挪用数额较大、超过3个月未还的行为。构成挪用公款罪的国家工作人员包括：在国家机关中从事公务的国家工作人员；在国有公司、企事业单位和人民团体中从事公务的人员；受国有单位委派到非国有单位中从事公务的人员；其他依照法律从事公务的人员。

挪用公款归个人使用的情形主要包括：国家工作人员利用职务上的便利，以个人名义将公款借给其他自然人或者不具有法人资格的私营独资企业、私营合伙企业等使用的；国家工作人员利用职务上的便利为谋取个人利益，以个人名义将公款借给其他单位使用的。

挪用公款归个人使用，进行非法活动的，以五千元至一万元为起点；挪用公款归个人进行营利活动的或挪用公款归个人使用超过三个月未还的，以一万元至三万元为起点。如果挪用公款未达到以上标准的，一般可不认为构成犯罪。

犯挪用公款罪的，处五年以下有期徒刑或者拘役；情节严重的，处五年以上有期徒刑。挪用公款数额巨大不退还的，处十年以上有期徒刑或者无期徒刑。挪用用于救灾、抢险、防汛、优抚、扶贫、移民、救济款物归个人使用的，从重处罚。

4. 私分国有资产罪。

国有机关、国有公司、企业、事业单位、人民团体，违反国家规定，以单位名义将国有资产集体私分给个人，数额较大的，对其直接负责的主管人员和其他直接责任人员，处三年以下有期徒刑或者拘役，并处或者单处罚金；数额巨大的，处三年以上7年以下有期徒刑，并处罚金。

司法机关、行政执行机关违反国家规定，将应当上缴国家的罚没财物，以单位名义集体私分给个人的，依照私分国有资产罪的规定处罚。

5. 巨额财产来源不明罪。

巨额财产来源不明罪，是指国家工作人员的财产或者支出明显超过合法收入，差额巨大，本人不能说明其来源是合法的行为。

国家工作人员的财产、支出明显超过合法收入，差额巨大的，可以责令该国家工作人员说明来源，不能说明来源的，差额部分以非法所得论，处五年以下有期徒刑或者拘役；差额特别巨大的，处五年以上十年以下有期徒刑。财产的差额部分予以追缴。

国家工作人员在境外的存款，应当依照国家规定申报。数额较大、隐瞒不报的，处二年以下有期徒刑或者拘役；情节较轻的，由其所在单位或者上级主管机关酌情给予行政处分。

6. 滥用职权罪。

滥用职权罪，是指国家机关工作人员超越职权，违法决定、处理其无权决定、处理的事项，或者违反规定处理公务，致使公共财产、国家和人民利益遭受重大损失的行为。构成该罪的客观方面表现必须具有致使公共财产、国家和人民利益遭受重大损失的后果，是否具备该后果，是滥用职权行为是否承担刑事责任的关键。

犯滥用职权罪的，处三年以下有期徒刑或者拘役；情节特别严重的，处三年以上七年以下有期徒刑。本法另有规定的，依照规定。徇私舞弊犯滥用职权罪的，处五年以下有期徒刑或者拘役；情节特别严重的，处五年以上十年以下有期徒刑。刑法另有规定的，依照规定。

7. 玩忽职守罪。

玩忽职守罪是指国家机关工作人员严重不负责任，不履行或者不认真履行职责，致使公共财产、国家和人民利益遭受重大损失的行为。所谓玩忽职守，是指行为人严重不负责任，不履行或者不认真履行职责。

本罪犯罪主体是特殊主体，即只有具有国家机关工作人员身份的人才能成为本罪的主体。犯罪主观方面只能是过失，即行为人作为国家机关的工作人员理应恪尽职守，尽心尽力，履行公职中时刻保持必要的注意，但行为人却持一种疏忽大意或过于自信的心态，对自己玩忽职守的行为可能导致的公共财产、国家和人民利益的重大损失应当预见而没有预见，或者已经预见而轻信能够避免。犯罪客体是国家机关的正常管理活动。犯罪客观方面表现为行为人实施了玩忽职守的行为，并使公共财产、国家和人民利益遭受了重大的损失。

玩忽职守罪的处罚与滥用职权罪相同。

8. 徇私枉法罪。

徇私枉法罪，是指司法工作人员徇私枉法、徇情枉法，对明知是无罪的人而使他受追诉，对明知是有罪的人而故意包庇不使他受追诉或者在刑事审判活动中故意违背事实和法律作枉法裁判的行为。

所谓徇私枉法、徇情枉法，是指出于个人目的，为了私利私情，而故意歪曲事实，违背法律作错误裁判。根据刑法规定，主要有三种形式：一是对明知是无罪的人使他受追诉。二是对明知是有罪的人而故意包庇不使他受追诉。三是在刑事审判活动中故意违背事实和法律作枉法裁判。

徇私枉法罪的主体是特殊主体，即司法工作人员。司法工作人员是指有侦查、检察、审判、监管职责的人员。触犯本罪的，处五年以下有期徒刑或者拘役；情节严重的，处五年以上十年以下有期徒刑；情节特别严重的，处十年以上有期徒刑。

第四节　诉讼法

诉讼法是关于诉讼的法律。诉讼是国家司法机关，在当事人及其他诉讼参与人的参加下，按照法律规定的程序和方法，应用法律解决具体案件的活动。可见，诉讼是国家实施法律的一种活动。诉讼法是规定诉讼程序的法律规范的总和，诉讼法是程序法，是保证民法、刑法等实体法得以实施的法律。

诉讼法的内容主要包括：司法机关以及诉讼参与人进行诉讼活动的原则、程序、方式、方法，对诉讼活动的检查和监督的原则、程序、方式、方法以及关于执行程序的规定等。在我国，诉讼主要有三种，刑事诉讼、民事诉讼和行政诉讼，与此相对应的诉讼法也有三部，即《中华人民共和国刑事诉讼法》、《中华人民共和国民事诉讼法》、《中华人民共和国行政诉讼法》。

诉讼法的基本原则是用以指导整个诉讼或诉讼主要阶段的活动的基本准则，它们贯穿在整个诉讼法所规定的各种重要制度和程序中。这些基本原则体现了我国诉讼法的主要特征。它们主要包括：

（1）以事实为根据，以法律为准绳的原则。即司法机关在审理案件时必须查明案件的事实真相，不能主观臆断，并只能以查实的客观事实作为定案处理的根据，同时以法律为标准，判断是非曲直，作出正确的裁判。

（2）对诉讼当事人在适用法律上一律平等的原则。在法律面前人人平等是宪法赋予每个公民的神圣权利，因此公民不分民族、种族、性别、职业、社会出身、宗教信仰、文化程度、财产状况的差异，法人或其他组织不分性质的异同，在适用法律上一律平等，该保护的保护，该制裁的制裁，不允许有任何特权存在。

（3）人民法院依法独立行使审判权原则。人民法院是国家的审判机关，代表国家行使审判权。审判权是最主要的司法权力，只能由人民法院行使，其他任何机关、团体和个人都无权行使，同时人民法院在审判案件过程中也不受任何机关、团体和个人的干涉。

（4）合议原则。人民法院在审理案件时，除法律另有规定外，都要由3人以上的审判人员组成合议庭进行。在不同的审判阶段，合议庭由不同的审判人员组成，合议庭实行民主集中制和少数服从多数的原则，以避免个人的主观臆断，保证办案质量。

（5）回避原则。其是指与案件有某种利害关系或其他关系，从而可能影响案件公正处理的审判人员及其他人员，不得参与本案审理等活动的诉讼原则。比如审判人员为案件当事人或其代理人的近亲属，就不能参加该案的办理。确立回避原则是为了防止司法人员利用职权徇私舞弊，保证案件得到公正处理。

（6）公开审判原则。人民法院审理案件，除法律规定的特别情况外，一律公开进行，不但向群众公开，而且向社会公开。

（7）两审终审原则。其是指除最高人民法院外，一个案件依照法定程序经过两级人民法院的审判，即告终结的制度。最高人民法院是国家最高审判机关，它所作出的判决和裁定是终审的裁判，立即发生法律效力。这是两审终审原则的一种例外。

（8）使用本民族语言文字进行诉讼的原则。这一原则体现了我国民族平等的精神，是指各民族公民都有使用本民族语言文字进行诉讼的权利；在少数民族聚居或者多民族共同居住区办案或发布法律文书，应当用当地民族通用的语言文字；对不通晓当地民族通用语言文字的当事人，司法机关应当为其提供翻译。

一　刑事诉讼法

刑事诉讼是同犯罪行为作斗争的一种专门活动，国家追究犯罪人的刑事责任，只能通过刑事诉讼来进行。在我国，刑事诉讼是指公安机关、人民检察院和人民法院，在当事人和其他诉讼参与人的参加下，依照法律规定的方式和程序，揭露犯罪、证实犯罪、惩罚犯罪所进行的全部活动。而刑事诉讼法则是指国家规定的有关刑事诉讼程序的法律规范的总和，它所规定的是刑事诉讼活动应遵循的原则、制度和程序，司法机关、当事人和其他诉讼参与人在刑事诉讼活动中的权利、义务。

根据我国《刑事诉讼法》的规定，刑事诉讼法的任务是保证准确、及时地查明犯罪事实，正确应用法律，惩罚犯罪分子，保障公民的人身权利、民主权利和其他权利不受侵犯，保障无罪的人不受刑事追究，同时教育公民自觉遵守法律，积极同犯罪行为作斗争，以维护社会主义法制，保障社会主义建设的顺利进行。下面对一个刑事案件的审理过程作简单介绍。

当公安机关、人民检察院、人民法院接到公民或其他组织的检举和控告，或者是犯罪人自首，或者是直接发现了犯罪时，经过审查，认为确有犯罪事实存在，并需依法追究刑事责任时，就可以决定立案。立案后，由公安机关和人民检察院根据不同的分工进行侦查，发现和收集犯罪证据，准确及时地查明犯罪事实，查获犯罪人。对于重大嫌疑人或者是现行犯，为了防止他们逃跑、隐匿、自杀、毁灭罪证，甚至继续犯罪等，可以对他们实施刑事拘留。经过检察院或人民法院的批准或决定，公安机关还可以将其逮捕。侦查是一个复杂的过程，既要讯问犯罪嫌疑人，又要查找询问证人，既要进行实地实物勘查，又要对可能隐藏犯罪嫌疑人或证据的处所进行搜查。只有当案件事实情节查清，证据充分，法律手续完备时，侦查才告终结。

侦查结束后，公安机关将侦查结果送交人民检察院进行审查。如果符合起诉条件，则由人民检察院向人民法院提起公诉，经人民法院受理，案件就将进入第一审程序。当然，如果经人民检察院审查，认为嫌疑人的犯罪情节轻微，依刑法规定不需要判处刑罚或应当免除刑罚的，可作出不起诉的决定。

第一审程序是人民法院行使审判权的基本程序。人民法院在决定开庭审判后，首先要组成合议庭，并且将起诉书副本送达被告人，将开庭的时间、地点通知人民检察院，传唤通知当事人和其他诉讼参加人，对于公开审判的案件还要发布开庭公告。

正式开庭时，由审判人员查明当事人是否到庭，宣布案由，并告知被告人享有辩护的权利。之后，法庭将展开调查，在公诉人宣读起诉书后，审判人员开始审问被告人、核查证据。在法庭审理过程中，被告人有为自己辩护的权利，既可以自己辩护，也可以由律师代为辩护。控辩双方进行辩论时，发言的机会是平等的，关键是要摆证据，讲法律，依法论罪，以理服人。最后，在判决之前被告人还有一次最后陈述的机会，以保障其充分辩护的权利。被告人最后陈述后，由合议庭进行评议，并公开宣告判决。

宣告判决后，判决并非立即生效。如果被告人等不服判决，可以在规定的日期内向上一级人民法院提起上诉。作为国家公诉人的人民检察院，认为判决确有错误时，应当提起抗诉，这样审判就进入了第二审程序。

第二审程序与一审程序基本相同，但二审程序要对案件进行全面的审查，以保证案件得到正确的处理。二审法院对一审法院的判决，根据不同情况，依法可以作出维持原判、改判或发回原审法院重新审判的处理。第二审法院作出的判决是终审判决，宣布后立即发生法律效力。

执行判决的机关主要是人民法院、人民检察院、公安机关、劳改机关。对判处死刑缓期二年执行、无期徒刑、有期徒刑的罪犯，由公安机关依法将罪犯送交监狱执行刑罚。对被处拘役的罪犯，由公安机关执行。

除由最高人民法院判决的以外，凡是判处死刑立即执行的案件，应当将案件报请最高人民法院核准。由中级人民法院判处死刑缓期二年执行的案件，应报高级人民法院核准。这种死刑复核程序最大限度地维护了法律的公正与严肃。

另外，《刑事诉讼法》还规定了审判监督程序，这是指人民法院或人民检察院对已经发生法律效力的判决和裁定，发现在认定事实和适用法律上确有错误，依法对案件进行重新审理的活动。这个程序将对已经发生法律效力但确有错误的裁判起到补救和纠正的作用。

二 民事诉讼法

民事诉讼是诉讼活动中最普遍、最频繁的，它是指人民法院在当事人和其他诉讼参与人的参加下，依法审理和解决民事案件的活动。而民事诉讼法则是有关民事诉讼程序的法律规范的总称。

根据我国《民事诉讼法》的规定，民事诉讼法的任务是保护当事人行使诉讼权利，保证人民法院查明事实，分清是非，正确适用法律，及时审理民事案件，确认民事权利义务关系，制裁民事违法行为，保护当事人的合法权益，教育公民自觉遵守法律，维护社会秩序、经济秩序，保障社会主义建设事业的顺利进行。民事诉讼的具体程序与刑事诉讼相比，有相同的地方，也有很多不同之处。相同之处在于民事审判程序也分为第一审程序、第二审程序和审判监督程序，不同之处在于民事诉讼有一些特别程序。民事案件的审理也要经过起诉和受理、审理前的准备、开庭审理等步骤。但《民事诉讼法》有着许多自己的特点，比如，在民事诉讼中，人民法院调解是解决民事纠纷的重要手段。在当事人自愿与合法的前提下，能够通过调解结案的，都应当尽可能地通过调解结案。调解贯穿于民事审判程序的全过程，调解后达成的协议具有法律效力。再如，民事诉讼中的当事人有处分自己权利的自由，当事人可以随时撤诉，可以随时同意和解，法律规定范围内的民事权利和诉讼权利都可处分。

民事诉讼的执行一般要根据当事人的请求，即执行必须以负有义务的一方当事人无故拒不履行义务为前提，同时执行的目标是被执行人的财产和行为，不包括被执行人的人身。

另外，《民事诉讼法》还规定了一些特别程序。比如选民资格案件的程序，宣告失踪、宣告死亡案件的程序，认定公民无民事行为能力、限制民事行为能力案件的程序，认定财产无主案件的程序等。这些程序要解决的不是民事权益之争，而是申请人请求人民法院对某项法律事实加以认定。因此，程序上有其独特性，如诉讼中没有被告，一般实行独任制审理，实行一审终审，免交诉讼费用，法院可自行撤销原判决、作出新判决等。公示催告程序，督促程序是另几种特殊程序，在此不作详述。

三 行政诉讼法

行政诉讼是公民、法人或其他组织认为行政机关和行政机关工作人员作出的具体行政行为侵犯了自己的合法权益，而依照《行政诉讼法》的规定向法院提起的诉讼，它包括公民、法人或者其他组织不服具体行政行为而向法院起诉，以及人民法院在双方当事人和其他诉讼参与人的参加下受理、审理、裁判行政案件和执行行政裁决的全过程。行政诉讼法是指有关行政诉讼程序的法律规范的总称。

我国《行政诉讼法》的制定，主要是为了保证人民法院正确、及时审理行政案件，保护公民、法人和其他组织的合法权益，维护和监督行政机关依法行使行政职权。

我国行政诉讼的基本程序与刑事诉讼、民事诉讼相类似，都包括一审程序、二审程序和审判监督程序。同时它也有一些比较特殊的规定，下面我们只就其特殊性作简要的讲解：

首先，被告的特殊性，行政诉讼中的被告只能是国家行政机关，因此，有人将行政诉讼称之为“民告官”的诉讼。行政诉讼的过程中不适用调解。行政机关作出的行政行为是一种执法过程，其决定不经法定程序不得更改，即使在诉讼中也不得随意变更，因此自然不得适用调解。

其次，人民法院着重就具体行政行为的合法性进行审查。就是说，法律不仅是行政机关对被管理者进行管理的依据，也是被管理者提出行政诉讼的根据，同时更是人民法院审理行政案件，对具体行政行为进行审查、判断的标准。凡是合法的具体行政行为，人民法院将予以维持；凡是不合法的，就会被依法撤销。

再次，人民法院对行政相对人（即行政机关行政管理的对象）予以特殊的保护。这是由于在行政管理活动中，行政管理机关和行政相对人的地位是不对等的。如果不对相对人予以特殊的保护，就难以有效维护相对人的合法权益。当然，这种保护是建立在以事实为依据、以法律为准绳的基础之上的。

需要注意的一点是行政诉讼与行政复议的关系。行政诉讼和行政复议是两个并行的法律救济制度。对公民、法人和其他组织而言，行政诉讼和行政复议都有对其合法权益保护的救济功能。公民、法人或其他组织对行政机关的具体行政行为不服，可以先向上一级行政机关或者法律法规规定的行政机关申请复议，对复议不服的，再向人民法院提起诉讼，也可以直接向人民法院提起诉讼。法律法规规定应当先向行政机关申请复议，对复议不服再向人民法院起诉的，应按照法律法规规定。公民、法人或者其他组织向人民法院提起行政诉讼，人民法院已经依法受理的，不得申请行政复议。

行政诉讼和行政复议的区别表现在，行政复议是行政机关内部的监督制度，是在行政诉讼之前进行的。而行政诉讼是司法救济，由人民法院作出诉讼裁决，是最终的解决办法，也被称作“司法最终救济”。从效力上看，行政诉讼优于行政复议。行政复议机关根据行政复议申请人的申请对具体行政行为进行审查，行使的只是行政复议权，而不能替代司法机关对行政争议行使高效力的司法裁决。

第四章　促进经济发展相关法律知识

第一节　加强财税管理

一　税法

税收是国家为了实现其职能的需要，凭借国家权力，依照法律规定的程序对满足法定课税要件的主体征收货币或者实物，具有法定性、强制性、无偿性、固定性和普遍性的特征。税法是调整税收关系的法律规范的总称。税收关系分为税收体制关系与税收征纳关系。目前相关的税法主要调整的是税收征纳关系，税收征纳关系又分为税收征纳实体关系和税收征纳程序关系，相应地税法也分为征纳实体法和征纳程序法。我国没有制定统一的税法典，而是制定了各类单行的税法。

（一）税收实体法

税收实体法规定税种、税的性质以及政府和纳税人在税务关系上的实体权利、义务和责任。税收实体法最常见的分类是按照征税对象的不同分为流转税法、收益税法、财产税法、资源税法和行为税法。流转税法包括增值税法、消费税法、营业税法、城市维护建设税法和关税法；收益税法包括企业所得税法、外商投资企业和外国企业所得税法、个人所得税法和农牧业税法；财产税法包括房产税法和契税法；资源税法包括资源税法本身、土地增值税法、城镇土地使用税法和耕地占用税法；行为税法包括印花税法、固定资产投资方向调节税法、车船使用税法、屠宰税法和筵席税法。

1. 构成要素。

税收法定，税种很多，任何税收实体法都是由下列这些要素所构成的：税法主体、征税对象、税目、税率、纳税环节、税收优惠等。税法的构成因素中较为重要的有：征税主体与纳税主体、征税对象、税率。

（1）征税主体与纳税主体。征税主体在我国有三个，分别是税务机关、财政机关和海关。财政机关负责征收农牧业税、耕地占用税和契税；海关负责征收关税，并代征进口环节的增值税、消费税，代交通管理部门征收船舶吨税。其余的税种由税务机关负责征收。纳税主体除了企业与个人，政府机关、事业单位、社会团体在很多情况下也会成为纳税的主体。

（2）征税对象。征税对象是区分税种的标志，如流转税以流转额为征税对象、收益税以所得额为征税对象。一个纳税人可能要涉及到多种纳税义务，这是因为针对的征税对象不同。

（3）税率。税率是税法的核心要素，代表着征税的深度。我国税率的基本形式有：定额税率、比例税率和累进税率。采用定额税率的税种有资源税、城镇土地使用税、耕地占用税等；采用比例税率的税种最典型的是增值税和企业所得税；累进税率分为全额累进税率、超额累进税率和超率累进税率，现行税法只采用超额累进税率和超率累进税率。采用超额累进税率的税种是个人所得税的某些税目；采用超率累进税率的税种是土地增值税。

2. 税收实体法相关规定。

（1）增值税相关规定。增值税是以商品流通和劳务服务在各个环节的增值额为征税对象的一种税，增值税主要针对货物征税，但是要注意以下三点，第一，并不是所有的货物的销售都要缴纳增值税，销售不动产和转让无形资产两项货物的只是征收营业税而不征收增值税。第二，增值税的征税范围不仅限于货物，还包括两项劳务，即加工劳务和修理修配劳务。第三，增值税的征收不考虑纳税人的盈亏状况，只要搞经营活动有增值额出现，就要征税。

增值税的纳税人是在我国境内销售货物、提供加工和修理修配劳务、进口货物的单位和个人。增值税纳税人分为一般纳税人和小规模纳税人，小规模纳税人不得使用增值税专用发票。增值税是多环节征税，商品每流转一道，有增值额存在，就要征收增值税，增值税是价外税，在增值税专用发票上税款是单独列明的。

增值税的减免税由国务院规定，任何单位或个人无权决定减免税。

（2）消费税相关规定。消费税是以特定消费品的流转额为征税对象的一种税。消费税的纳税人为在我国境内生产、委托加工和进口这些消费品的单位和个人。消费税是对货物的销售普遍征收增值税的基础上，选择特定的消费品加征的一道税。消费税纯粹是针对特定货物的，这些货物指如下五类消费品：①过度消费对人类健康、社会秩序、生态环境等方面造成危害的消费品，如烟、酒及酒精、鞭炮和烟火；②奢侈品和非生活必需品，如贵重首饰及珠宝玉石、化妆品等；③高能耗及高档消费品，如小汽车、摩托车等；④不可再生和不可替代的石油类消费品，如汽油、柴油；⑤具有财政意义的消费品，如护肤护发用品、汽车轮胎。

（3）营业税相关规定。营业税是针对在我国境内提供应税劳务、转让无形资产或销售不动产的营业收入额征收的一种税。加工劳务和修理修配劳务，这两项劳务属于增值税的应税劳务，不属于征收营业税的范围。

营业税的纳税人兼营多项劳务，应分别予以核算。未分别核算的，按税率最高的劳务计算征税。减免税项目由国务院规定。

（4）企业所得税相关规定。企业所得税是针对内资企业的生产经营所得和其他所得征收的一种税。企业所得税以企业经营有成果为征税的前提条件。在中华人民共和国境内，企业和其他取得收入的组织为企业所得税的纳税人，不包括个人独资企业、合伙企业。

（5）个人所得税相关规定

《中华人民共和国个人所得税法》于1980年9月通过，并于1993年、1999年、2005年进行了三次修改。2011年6月30日第十一届全国人民代表大会常务委员会第二十一次会议通过《全国人民代表大会常务委员会关于修改〈中华人民共和国个人所得税法〉的决定》，对《个人所得税法》作了进一步修改，并自2011年9月1日起施行。个税起征点的讨论是本次修改中最热门的话题，个税免征额由草案中的3000元调高至3500元，税率级数由九级减为七级，一级税率由5%降至3%。我国个人所得税免征额的提高会直接降低部分中低收入群体的税负。

个人所得税的纳税人分为居民和非居民。居民是指在中国境内有住所，或者无住所而在境内居住满一年的个人，居民纳税人应就其来源于境内、境外的全部所得纳税；非居民是指居民以外的人，非居民仅就来源于中国境内的所得纳税。在这里应注意居民与非居民的划分标准，不管是否拥有中国国籍，外国人、无国籍人如果在中国境内居住满一年，属于居民的范围，就其来自境外的所得负有向中国政府纳税的义务。

依据税法，个人的下述所得应当纳税：工资、薪金所得；个体工商户的生产、经营所得；企事业单位的承包经营、承租经营所得；劳务报酬所得；稿酬所得；特许权使用费所得；利息、股息、红利所得；财产租赁所得；财产转让所得；偶然所得；经国务院财政部门确定征税的其他所得等。应注意的是，个体户在税法上按照个人对待，生产经营所得需要纳个人所得税，而不是企业所得税。

依据税法，免税项目包括：省级政府、国务院部委和中国人民解放军军级以上单位，以及外国组织、国际组织颁发的各项奖金；国债、金融债券的利息；按照国家规定统一发给的补贴、津贴；福利费、抚恤金、救济金；保险赔款；军人的转业费、复员费；按照国家规定发给干部、职工的安家费、退职费、退休工资、离休工资、离休生活补助费等；依照我国有关法律规定应予免税的各国驻华使馆、领事馆的外交代表、领事官员和其他人员的所得；中国政府参加的国际公约、签订的协议中规定免税的所得；经国务院财政部门批准免税的所得。在上述免税的项目中，应注意奖金必须是省、部级以上单位颁发的，否则不能享受免税待遇；利息免税仅限于国债和金融债券，股票、公司债券的利息、储蓄存款的利息都是要纳税的；离、退休人员的工资，不管是多少均不纳税。

（二）税收程序法

我国的税收程序法主要是指《中华人民共和国税收征收管理法》。《中华人民共和国税收征收管理法》于1992年9月4日通过，并于1995年和2001年进行了修正。凡依法由税务机关征收的各种税收的征收管理，均适用《中国人民共和国税收征收管理法》。耕地占用税、契税、农业税、牧业税征收管理的具体办法，由国务院另行制定。关税及海关代征税收的征收管理，依照法律、行政法规的有关规定执行。任何机关、单位和个人不得违反法律、行政法规的规定，擅自做出税收的开征、停征以及减税、免税、退税、补税的决定。税务机关征税不得多征、少征、提前征收、延缓征收或者摊派税款。

1. 税款缴纳管理。

（1）按期纳税。纳税人和扣缴义务人应当按照法律法规规定的期限或税务机关依照法律法规确定的期限缴纳或解缴税款，未按照规定的期限缴纳或解缴税款的，从滞纳之日起，每天加收滞纳税款万分之五的滞纳金。

（2）延期纳税。纳税人因有特殊困难不能按期纳税的，经省级国家税务局、地方税务局批准，可以延期纳税，延期的期限最长不得超过3个月。这里应注意三点：一是延期的期限为最长3个月，二是扣缴义务人不存在延期解缴税款的问题，三是延期纳税的审批权在省级税务局。

（3）严格减税、免税管理。税收法定，法律规定有减税、免税的，纳税人经申请，有审批权的税务机关批准，可以享受减税、免税的优惠待遇。地方各级政府、各级政府主管部门、单位、个人违反法律、行政法规规定，擅自做出的减税、免税决定无效，税务机关不得执行，并向上级税务机关报告。

2. 税务机关征收税款时可以采取的措施。

税务机关在税收征管中可以视情况采取核定税款、调整应纳税额、税收保全、税收强制执行等措施。

（1）核定税款。税收法定，法律没有规定的情况，税务机关便不能采用核定应纳税款的权利。

（2）调整应纳税额。这是针对关联企业采取的一项措施，目的是为了防止避税。

（3）税收保全措施。税收保全措施是在纳税期之前采用的，防止纳税人逃避纳税义务，保障国家税款的措施。第一，税收保全措施只能对从事生产、经营的纳税人采用。第二，采取税收保全措施的条件有两个：一是税务机关有根据认为从事生产经营的纳税人有逃避纳税义务的行为，在规定的纳税期之前责令纳税人限期缴纳税款；二是在限期内税务机关发现纳税人有明显的转移、隐匿其应纳税的商品、货物以及其他财产或者应纳税的收入的迹象，责成纳税人提供担保，纳税人又不能提供纳税担保。第三，采取税收保全措施的程序是经县以上税务局局长批准。第四，税收保全措施的内容包括：一是书面通知纳税人的开户银行或者其他金融机构冻结纳税人的金额相当于应纳税款的存款；二是扣押、查封纳税人的价值相当于应纳税款的商品、货物或者其他财产。

（4）税收强制措施。税收强制措施是在纳税人未履行纳税义务，经采取一般的征管措施无效的情况下，所采取的一项强制纳税人尽纳税义务的措施。

第一，税收强制执行措施既可以对从事生产经营的纳税人采用，也可以对扣缴义务人和纳税担保人采用，这一点与税收保全措施不同。但税收强制措施与税收保全措施一样，对非从事生产经营的纳税人，如个人纳税人不得采用。第二，采取税收强制措施的条件是：纳税人、扣缴义务人未按照规定缴纳、解缴税款，纳税担保人未按照规定缴纳所担保的税款；经税务机关责令限期缴纳，逾期仍未缴纳。第三，采取税收强制措施必须经县以上税务局局长批准，强制措施不得由法定的税务机关以外的单位和个人行使。第四，税收强制措施的内容包括：一是书面通知银行或者其他金融机构从其存款中扣缴税款，包括滞纳金。二是扣押、查封、依法拍卖或者变卖其价值相当于应税款的商品、货物或者其他财产，以拍卖或者变卖所得抵缴税款，包括滞纳金。同样，个人及其所抚养家属维持生活必须的住房和用品，不在强制措施的范围内。

（5）对于没有按照规定办理税务登记以及临时经营的纳税人的征管措施。税务机关可以核定其应纳税额，责令缴纳；不缴纳的，可以扣押其价值相当于应纳税的商品、货物；扣押后仍不缴纳的，经县以上税务局局长批准，可以依法拍卖或者变卖所扣押的商品、货物，以拍卖所得抵缴税款。

3. 税款的退还、补缴和追征。

（1）税款的退还。对于纳税人多缴纳的税款，税务机关发现后应予退还，纳税人自缴纳税款之日起3年内发现的，可以要求退还；税款缴纳3年后发现的，便不得再请求退还。

（2）税款的补缴。对于因税务机关原因导致的税款少缴纳或少解缴，税务机关在3年内发现的，可以要求补缴税款，但不得请求滞纳金；3年后发现的，税务机关便丧失了请求的权利。

（3）税款的追征。对于因纳税人、扣缴义务人计算错误等失误，造成税款少缴纳或少解缴的，税务机关可以在3年内追征；有特殊情况的，追征期可以延长到5年。应注意的是，追征期3年或5年是针对纳税人主观上没有故意这种情况的，若主观上有故意则属于偷税、欠税或是骗税，追征期是无限的。

4. 税务争议的解决。税务争议有两类：一类是纳税上的争议，一类是处罚上的争议。这两类争议在解决的方法上不尽相同。

纳税人、扣缴义务人、纳税担保人同税务机关在纳税上发生争议时，必须先按照法律、行政法规的规定缴纳或解缴税款及滞纳金或者提供担保，然后才能向上一级税务机关申请复议；上一级税务机关应在法定期限内做出复议决定；对复议决定不服的，可以向法院起诉。未经复议法院不受理诉讼；未经纳税或解缴税款，又不提供担保的，税务机关不受理复议申请。简单来说纳税上争议的解决程序是：先纳税，再复议，对复议不服的再进行诉讼。若不纳税又不提供担保，纳税上的争议不予解决。这样规定主要是因为税的征收带有强制性。

当事人对税务机关的处罚决定或强制执行措施、保全措施不服的，可以在法定期限内向上一级税务机关申请复议，对复议决定不服的可以向法院起诉；也可以直接向法院起诉。这里复议不是必经程序。当事人对处罚决定逾期不申请复议也不起诉、又不履行的，税务机关自身可以采取强制执行措施，也可以申请法院强制执行。

二　会计法

《会计法》于 1985 年 1 月 21 日通过，并于 1993 年、1999 年修改，修改后的法律自 2000 年 7 月 1 日起施行。会计法的目标是规范会计行为，保证会计资料真实、完整，加强经济管理和财务管理，提高经济效益，维护社会主义市场经济秩序。

会计机构与会计人员的基本职能是会计核算与会计监督。依据法律，财政部主管全国的会计工作，统一的会计制度由财政部制定；县级以上地方各级政府财政部门管理本行政区域内的会计工作；单位负责人负责本单位的会计工作，并对本单位会计资料的真实性、完整性负责。

1. 会计核算的基本要求。各单位不管其性质如何，都必须根据实际发生的经济业务事项进行会计核算，不得以虚假的经济业务事项或者资料进行会计核算。

各单位应设置会计机构或在有关机构中设置会计人员并指定会计主管

人员。国有的和国有资产占控股地位或主导地位的大、中型企业必须设置总会计师。

2. 会计核算的事项。《会计法》第10条对会计核算的事项列举作了规定。包括：款项和有价证券的收付；财物的收发、增减和使用；债权债务的发生和结算；资本、基金的增减；收入、支出、费用、成本的计算；财务成果的计算和处理；需要办理会计手续、进行会计核算的其他事项。

3. 计账的本位币。记账本位币为人民币，业务收支以人民币以外的货币为主的单位，可以选定一种外币作为记账本位币，但财务会计报告应当折算成人民币。就是说所有的财务会计报告必须用人民币编制。

4. 会计核算的程序。会计核算的第一步是根据原始凭证及有关资料编制记账凭证；第二步是根据记账凭证或原始凭证登记会计账簿；第三步是定期进行账账核对、账实核对、账表核对、账款核对；第四步是根据核对无误的账簿，编制财务会计报告。这里应注意账簿并不都是根据记账凭证登记的，有些账簿也是以原始凭证为根据登记的。

5. 原始凭证。原始凭证的记载内容不得涂改，原始凭证有错误的应由出具单位重开或者更正，但原始凭证金额有错误的，只能重开，不得在原始凭证上更正。

6. 各单位必须依法设置账簿，账簿的登记必须以经过审核的会计凭证为依据。账簿有总账、明细账、日记账和其他辅助性账簿。

7. 财务会计报告。财务会计报告由会计报表、会计报表附注和财务情况说明书组成，财务会计报告应由单位负责人、主管会计工作的负责人、会计机构负责人签名并盖章；设置总会计师的，还须由总会计师签名并盖章。

8. 计账的文字。会计记录的文字为中文，在民族自治地方会计记录可以同时使用当地通用的一种民族文字，中国境内的外商投资企业、外国企业和其他外国组织的会计记录可以同时使用一种外国文字。这里讲的是同时使用中文以外的某一种文字，而不允许只使用某一种外国文字。

9. 公司、企业必须根据实际发生的经济业务事项，按照国家统一的会计制度的规定确认、计量和记录资产、负债、所有者权益、收入、费用、成本和利润。

10. 从事会计工作的人员必须取得会计从业资格证书。因有与会计职务有关的违法行为而被追究刑事责任的人员，不得取得或重新取得会计从业资格证书。因有与会计职务有关的违法违纪行为而被吊销会计从业资格证书的人员，自被吊销会计从业资格证书之日起5年内，不得重新取得会计从业资格证书。

三　审计法

审计法是调整审计关系的法律规范的总称。《中华人民共和国审计法》于1994年8月31日第八届全国人民代表大会常务委员会第九次会议通过，并于2006年2月28日由第十届全国人大常委会第二十次会议修正。依据该法，国务院设审计署，主管全国的审计工作，向国务院总理报告工作；省、自治区、直辖市、设区的市、自治州、县、自治县、不设区的市、市辖区的人民政府的审计机关，分别在省长、自治区主席、市长、州长、县长、区长和上一级审计机关的领导下，负责本行政区域内的审计工作。这种领导体制与一般的政府机关在政府的领导下开展工作不同。地方各级审计机关要对本级人民政府和上一级审计机关负责并报告工作，审计业务以上级审计机关领导为主。

1. 审计机关的审计监督的范围。①各级政府的预算执行情况；②中央银行的财务收支；③国有金融机构及国有企业的资产、负债、损益；④国家的事业组织的财务收支；⑤国家建设项目预算的执行情况和决算；⑥政府部门管理的和社会团体受委托管理的社会保障基金、社会捐赠资金以及其他有关基金、资金的财务收支；⑦国际组织和外国政府援助、贷款项目的财务收支。通过审计监督的范围可以看出，审计机关并不是对所有单位的财务收支都实施审计监督。

2. 审计机关的权力。审计机关在实施审计的过程中，有权要求被审计单位报送有关资料、有权检查被审计单位的会计资料和资产、有权就审计事项中的有关问题向有关单位和个人进行调查、有权对被审计单位正在进行的违反国家规定（包括违反法律、行政性法规、行政规章等在内）的行为进行制止。对于正在实施的违反国家规定的行为制止无效的，经县级以上审计机关负责人批准，有权通知财政部门和有关主管部门暂停拨付与违反国家规定的财政收支、财务收支行为直接有关的款项，已经拨付的，暂停使用。审计机关认为被审计单位所执行的上级主管部门有关财政收支、财务收支的规定与法律、行政法规相抵触的，应建议有关主管部门纠正，审计机关无权要求被审计单位放弃执行主管部门的规定。有关主管部门不予纠正的，审计机关应当提请有权处理的机关依法处理。

3. 审计的程序。审计的程序分为以下步骤：首先，组成审计组，于实施审计三日前向被审计单位送达审计通知书；其次，通过审查、查阅、检查、调查等方式进行审计，取得有关证明资料；第三，审计组向审计机关提出审计报告，审计报告报送审计机关前应征求被审计单位的意见，被审计单位应将其意见以书面形式送交审计组或者审计机关；第四，审计机关审定审计报告，对审计事项做出评价，出具审计意见书；对于违反规定的行为需要依法给予处理的，在法定职权范围内作出审计决定或者向有关机关提出处理、处罚意见，审计意见书和审计决定应送达被审计单位和有关单位。审计决定自送达之日起生效。

第二节 依法管理土地

一 土地管理法

土地管理法指对国家运用法律和行政的手段对土地财产制度和土地资源的合理利用所进行管理活动予以规范的各种法律规范的总称。为了加强土地管理，维护土地的社会主义公有制，保护、开发土地资源，合理利用土地，切实保护耕地，促进社会经济的可持续发展，我国制定了《中华人民共和国土地管理法》。该法制定于1986年，后于1988年和2004年进行两次修订。1998年国务院制定的《中华人民共和国土地管理法实施条例》是对该法的重要补充。这两部法律法规是我国土地管理和保障人民群众土地使用权益的主要法律依据。

《土地管理法》严格规定了土地的所有权、使用权以及权力变更的制度；规定了各级人民政府土地利用规划的原则和审批办法，并建立土地的统计和调查制度；严格规定了耕地的保护制度，限制耕地转为非耕用地，实行基本农田保护制度，禁止破坏、闲置耕地。

（一）国有土地使用权

1. 出让土地使用权。出让土地使用权是土地使用者以向国有土地所有者代表支付出让金为对价而原始取得的有期限限制的国有土地使用权。

第一，出让土地使用权的主体。境内外法人、非法人组织和公民个人可依法取得出让土地使用权。但是，外商投资开发经营成片土地，应依法设立中外合资经营企业、中外合作经营企业、外商独资企业，从而享有该项权利。

第二，出让土地使用权的取得。出让土地使用权的合法取得方式为拍卖、招标、协议。城市房地产管理法规定，商业、旅游、娱乐和豪华住宅用地，应当采取拍卖、招标方式出让土地使用权。没有条件，不能采取拍卖、招标方式的，可以采取协议方式出让土地使用权。采取协议方式出让土地使用权的，出让金不得低于按国家规定所确定的最低价。

第三，出让土地使用权的年限。根据国务院的现行规定，城镇国有土地使用权出让的最高年限，按土地用途分为以下几种情况：（1）居住用地70年；（2）工业用地50年；（3）教育、科技、文化、卫生、体育用地50年；（4）商业、旅游、娱乐用地40年；（5）综合或者其他用地50年。此外，开发国有荒山、荒地、荒滩从事广义的农业生产的，使用期限最长不得超过50年。国有土地所有者代表与用地者可在不超过最高出让年限的前提下，在出让合同中约定出让年限。

2. 划拨土地使用权。划拨土地使用权是土地使用者经县级以上人民政府依法批准，在缴纳补偿、安置等费用后所取得的或者无偿取得的没有使用期限限制的国有土地使用权。

划拨土地使用权适用范围包括：①国家机关用地，例如政府大院和军事用地；②城市基础设施用地，例如道路、停车场和公益事业用地；③国家重点扶持的能源、交通、水利等项目用地；④法律法规规定的其他用地。

（二）集体土地使用权

集体土地使用权是符合法律规定的用地者按照一定土地用途而以一定方式使用集体土地的权利。按土地用途进行分类的各项集体土地使用权可以分别对应有不同的取得方式。农用地使用权，又被称为土地承包经营权，其取得方式为承包，其中主要采用带有社会保障性质的与集体经济组织内部成员身份密切相关的家庭承包方式，此外也可采用招标、拍卖及公开协商等承包方式；宅基地使用权的取得方式为分配；非农经营用地使用权的取得方式为投资；非农公益用地使用权的取得方式为拨付。

1. 土地承包经营权。目前我国用以规范土地承包经营权的法律法规主要有两个，一是第九届全国人民代表大会常务委员会第二十九次会议于2002年8月29日通过的《中华人民共和国农村土地承包法》，二是2005年农业部发布的《农村土地承包经营权流转管理办法》。

《土地承包法》旨在稳定和完善以家庭承包经营为基础、统分结合的双层经营体制，赋予农民长期而有保障的土地使用权，维护农村土地承包当事人的合法权益，促进农业、农村经济发展和农村社会稳定。规定国家实行农村土地承包经营制度，农村土地承包采取农村集体经济组织内部的家庭承包方式，不宜采取家庭承包方式的荒山、荒沟、荒丘、荒滩等农村土地，可以采取招标、拍卖、公开协商等方式承包；国家依法保护农村土地承包关系的长期稳定，农村土地承包后，土地的所有权性质不变，承包地不得买卖。农民集体所有的土地依法属于村农民集体所有的，由村集体经济组织或者村民委员会发包；已经分别属于村内两个以上农村集体经济组织的农民集体所有的，由村内各该农村集体经济组织或者村民小组发包；村集体经济组织或者村民委员会发包的，不得改变村内各集体经济组织农民集体所有的土地的所有权。

同时，《中华人民共和国农村土地承包法》以及《农村土地承包经营权流转管理办法》中规定了土地承包经营权的流转的方式、流转的主体、流转的原则、流转合同等事项。土地承包经营权的流转可以采取转包、出租、互换、转让或者其他方式，转让的过程中遵循平等协商、自愿、有偿的原则。土地承包经营权流转的主体是承包方，承包方有权自主决定经营权是否流转以及流转的方式。流转的收益归承包方所有，任何组织和个人不得擅自截留、扣缴。

2. 宅基地使用权。农村集体经济组织内部成员符合建房申请宅基地条件的，依法享有宅基地使用权。农村村民一户只能拥有一处宅基地，其宅基地的面积不得超过省、自治区、直辖市规定的标准。宅基地使用权人转让、出租房屋及宅基地使用权再申请宅基地的，不予批准。

（三）建设用地管理

1. 国家建设用地。国家建设征用农民集体土地，应依法报国务院或省、自治区、直辖市人民政府批准。征收下列土地由国务院批准：（1）基本农田；（2）基本农田以外的耕地超过35公顷的；（3）其他土地超过70公顷的。征收上述规定以外的土地的，由省、自治区、直辖市人民政府批准，并报国务院备案。

2. 临时建设用地。临时建设用地是指因建设项目施工和地质勘查等需要临时使用国有土地或者集体土地。其与一般建设用地相比，用地时间短，审批手续相对简便。

临时建设用地，由县级以上人民政府审批。其中，在城市规划区内的临时用地，在报批前，应当先经有关城市规划行政主管部门同意。土地使用者应当根据土地权属，与有关土地行政主管部门或者农村集体经济组织、村民委员会签订临时使用土地合同，并按照合同的约定支付临时使用土地补偿费。

土地管理法对临时建设用地作了以下限制性规定：第一，必须按照临时使用合同约定的用途使用土地；第二，不得在临时用地上修建永久性建筑；第三，临时使用土地的期限不得超过2年。

（四）征收土地的补偿

《中华人民共和国土地管理法》以及《中华人民共和国土地管理法实施条例》中，对土地的征收征用作了比较详细的规定：

（1）征收土地的，应当按照被征收土地的原用途给予补偿。征收耕地的补偿费用包括土地补偿费、安置补助费以及地上附着物和青苗的补偿费。征收耕地的土地补偿费，为该耕地被征收前三年平均年产值的6至10倍。征收耕地的安置补助费，按照需要安置的农业人口数计算。需要安置的农业人口数，按照被征收的耕地数量除以征地前被征收单位平均每人占有耕地的数量计算。每一个需要安置的农业人口的安置补助费标准，为该耕地被征收前三年平均年产值的4至6倍。但是，每公顷被征收耕地的安置补助费，最高不得超过被征收前三年平均年产值的15倍。

（2）征收其他土地的土地补偿费和安置补助费标准，由省、自治区、直辖市参照征收耕地的土地补偿费和安置补助费的标准规定。被征收土地上的附着物和青苗的补偿标准，由省、自治区、直辖市规定。

（3）征收城市郊区的菜地，用地单位应当按照国家有关规定缴纳新菜地开发建设基金。

（4）依照前述的规定支付土地补偿费和安置补助费，尚不能使需要安置的农民保持原有生活水平的，经省、自治区、直辖市人民政府批准，可以增加安置补助费。但是，土地补偿费和安置补助费的总和不得超过土地被征收前三年平均年产值的30倍。国务院根据社会、经济发展水平，在特殊情况下，可以提高征收耕地的土地补偿费和安置补助费的标准。

（5）征地补偿安置方案确定后，有关地方人民政府应当公告，并听取被征地的农村集体经济组织和农民的意见。被征地的农村集体经济组织应当将征收土地的补偿费用的收支状况向本集体经济组织的成员公布，接受监督。

二 城市房地产管理法

《中华人民共和国城市房地产管理法》于 1994 年 7 月 5 日通过。2007 年 8 月 30 日又通过了《全国人民代表大会常务委员会关于修改〈中华人民共和国城市房地产管理法〉的决定》。

1. 房地产开发用途与期限。以出让方式取得土地使用权进行房地产开发的，必须按照土地使用权出让合同约定的土地用途、动工开发期限开发土地。超过出让合同约定的动工开发日期满 1 年未动工开发的，可以征收相当于土地使用权出让金 20% 以下的土地闲置费；满 2 年未动工开发的，可以无偿收回土地使用权。

2. 房地产交易制度。房地产交易包括房地产转让、房地产抵押、房屋租赁等。在房地产转让时，应当严格依照法律规定。法律规定不得转让的房地产，如权属有争议的，未依法登记领取权属证书的，禁止转让。

商品房预售，应当符合下列条件：（1）已支付全部土地使用权出让金，取得土地使用权证书；（2）持有建设工程规划许可证；（3）向县级以上人民政府房产管理部门办理预售登记，取得商品房预售许可证明。（4）按提供预售的商品房计算，投入开发建设的资金达到工程建设总投资的 25% 以上，并已经确定施工进度和竣工交付日期。

经济适用房转让。转让经济适用房时，应当按照国务院规定，报有批准权的人民政府审批。有批准权的人民政府准予转让的，应当由受让方办理土地使用权出让手续，并依照国家的有关规定缴纳土地使用权出让金。

3. 房地产权属登记。我国大部分地区，有两个政府职能部门分管房屋和土地，并分别颁发权利证书，这是房产与地产分别登记。在我国的某些地方，如北京、深圳等，由政府的某一职能部门对房屋与土地实施统一管理，颁发统一房地产权证书，这是房产与地产的统一登记。

第三节　保护知识产权

知识产权是指公民或法人等主体依据法律的规定，对其从事智力创作或创新活动所产生的知识产品所享有的专有权利，又称为“智力成果权”、“无形财产权”，主要包括发明专利、商标以及工业品外观设计等方面组成的工业产权和自然科学、社会科学以及文学、音乐、戏剧、绘画、雕塑、摄影和电影摄影等方面的作品组成的版权两部分。知识产权为智力成果完成人的权益提供了法律保障，调动了人们从事科学技术研究和文学艺术作品创作的积极性和创造性，为智力成果的推广应用和传播提供了法律机制，为智力成果转化为生产力，运用到生产建设上去，产生了巨大的经济效益和社会效益，为国际经济技术贸易和文化艺术的交流提供了法律准则。知识产权制度是现代民商法的重要组成部分，对于完善社会主义法律体系，推进依法治国的进程具有重要意义。

一　著作权法

我国为保护文学、艺术和科学作品作者的著作权以及与著作权有关的权益，鼓励有益于社会主义精神文明、物质文明建设的作品的创作和传播，促进社会主义文化和科学事业的发展与繁荣，根据宪法制定了《中华人民共和国著作权法》，于1990年9月7日通过，并于2001年和2010年进行了两次修正。

《著作权法》规定著作权人包括：作者和其他依照该法享有著作权的公民、法人或者其他组织。《中华人民共和国著作权法》规定著作权原则上归于创作作品的作者，但是依法有例外情形的除外，比如委托、合作、改变、汇编作品的著作权归属。

《著作权法》规定著作权包括下列人身权和财产权：(1) 发表权，即决定作品是否公之于众的权利；(2) 署名权，即表明作者身份，在作品上署名的权利；(3) 修改权，即修改或者授权他人修改作品的权利；(4) 保护作品完整权，即保护作品不受歪曲、篡改的权利；(5) 复制权，即以印刷、复印、拓印、录音、录像、翻录、翻拍等方式将作品制作一份或者多份的权利；(6) 发行权，即以出售或者赠与方式向公众提供作品的原件或者复制件的权利；(7) 出租权，即有偿许可他人临时使用电影作品和以类似摄制电影的方法创作的作品、计算机软件的权利，计算机软件不是出租的主要标的的除外；(8) 展览权，即公开陈列美术作品、摄影作品的原件或者复制件的权利；(9) 表演权，即公开表演作品，以及用各种手段公开播送作品的表演的权利；(10) 放映权，即通过放映机、幻灯机等技术设备公开再现美术、摄影、电影和以类似摄制电影的方法创作的作品等的权利；(11) 广播权，即以无线方式公开广播或者传播作品，以有线传播或者转播的方式向公众传播广播的作品，以及通过扩音器或者其他传送符号、声音、图像的类似工具向公众传播广播的作品的权利；(12) 信息网络传播权，即以有线或者无线方式向公众提供作品，使公众可以在其个人选定的时间和地点获得作品的权利；(13) 摄制权，即以摄制电影或者以类似摄制电影的方法将作品固定在载体上的权利；(14) 改编权，即改变作品，创作出具有独创性的新作品的权利；(15) 翻译权，即将作品从一种语言文字转换成另一种语言文字的权利；(16) 汇编权，即将作品或者作品的片段通过选择或者编排，汇集成新作品的权利；(17) 应当由著作权人享有的其他权利。

著作权的许可使用是指作者和其他著作权人授权他人以一定的方式使用其作品，并因此使他人获得作品的使用权，著作权人获得一定的报酬。著作权的许可使用是著作权人行使著作权，取得经济利益的主要方式。

《著作权法》原则上规定权利的保护期为作者终生及其死亡后五十年，

截止于作者死亡后第五十年的12月31日；如果是合作作品，截止于最后死亡的作者死亡后第五十年的12月31日；电影作品和以类似摄制电影的方法创作的作品、摄影作品，权利的保护期为五十年，截止于作品首次发表后第五十年的12月31日，但作品自创作完成后五十年内未发表的，本法不再保护。

侵犯著作权行为是指基于故意或著作权法未允许的方式违法侵害著作权权利人的合法权利，对著作权人人身或者财产造成损害应负法律责任的行为。著作权侵权行为包括很多种，如未经著作权人许可，发表其作品的；没有参加创作，为谋取个人名利，在他人作品上署名的；歪曲、篡改他人作品的；剽窃他人作品的；使用他人作品，应当支付报酬而未支付的；等等。侵犯著作权的行为根据不同的情形，依照法律规定承担相应的民事责任或者行政责任，违法行为严重构成犯罪的，还要承担刑事责任。

二　专利法

专利权是发明创造人或其权利受让人对特定的发明创造在一定期限内依法享有的独占实施权，是知识产权的一种。《中华人民共和国专利法》于1984年公布。该法的实施细则1985年公布，对有关事项作了具体规定。

专利权的主体是发明人或者设计人，可以是个人，也可以是单位。专利权的客体，也称为专利法保护的对象，是指依法应授予专利权的发明创造。根据我国《专利法》的规定，专利法的客体包括发明、实用新型和外观设计三种。发明，是指对产品、方法或者其改进所提出的新的技术方案。发明必须是一种技术方案，是发明人将自然规律在特定技术领域进行运用和结合的结果，而不是自然规律本身，因而科学发现不属于发明范畴。同时，发明通常是自然科学领域的智力成果，文学、艺术和社会科学领域的成果也不能构成专利法意义上的发明。根据专利审查制度的规定，发明分为产品发明、方法发明两种类型。实用新型是指对产品的形状、构造或者其结合所提出的适于实用的新的技术方案。实用新型专利只保护产品。该产品应当是经过工业方法制造的、占据一定空间的实体。一切有关方法（包括产品的用途）以及未经人工制造的自然存在的物品不属于实用新型专利的保护客体。上述方法包括产品的制造方法、使用方法、通讯方法、处理方法、计算机程序以及将产品用于特定用途等。外观设计又称为工业产品外观设计，是指对产品的形状、图案或者其结合以及色彩与形状、图案相结合所作出的富有美感并适于工业上应用的新设计。

授予专利权的发明和实用新型，应当具备新颖性、创造性和实用性。新颖性，是指该发明或者实用新型不属于现有技术；也没有任何单位或者个人就同样的发明或者实用新型在申请日以前向国务院专利行政部门提出过申请，并记载在申请日以后公布的专利申请文件或者公告的专利文件中。创造性，是指与现有技术相比，该发明具有突出的实质性特点和显著的进步，该实用新型具有实质性特点和进步。实用性，是指该发明或者实用新型能够制造或者使用，并且能够产生积极效果。

授予专利权的外观设计，应当不属于现有设计；也没有任何单位或者个人就同样的外观设计在申请日以前向国务院专利行政部门提出过申请，并记载在申请日以后公告的专利文件中。授予专利权的外观设计与现有设计或者现有设计特征的组合相比，应当具有明显区别。授予专利权的外观设计不得与他人在申请日以前已经取得的合法权利相冲突。

发明专利权的期限为20年，实用新型专利权和外观设计专利权的期限为10年，均自申请日起计算。专利权期限届满后，专利权终止。专利权人享有独占实施权、实施许可权、转让权、标示权。专利权期限届满前，专利权人可以书面声明放弃专利权。

三　商标法

商标是生产经营者在其生产、制造、加工或者经销的商品或服务上采用的，为了区别商品或服务来源，具有显著特征的标志，一般由文字、图形或者其组合构成。经国家核准注册的商标为“注册商标”，受法律保护。

商标注册人享有商标专用权。

商标权是商标专用权的简称，是指商标主管机关依法授予商标所有人对其注册商标受国家法律保护的专有权。商标注册人依法支配其注册商标。商标权主要包括商标专用权、商标转让权和商标许可权。其中商标专用权是核心，商标注册人对其注册商标享有排他使用权、收益权、处分权、续展权和禁止他人侵害的权利。

商标权具有专有性、时间性和地域性的特征。商标权的专有性又称为独占性或垄断性，是指注册商标所有人对其注册商标享有专有使用权，其他任何单位及个人非经注册商标所有人的许可，不得使用该注册商标。商标权的时间性也称法定时间性，是指商标权为一种有期限的权利，在有效期限内才受法律保护，超过有效期限，商标权即终止，不再受法律保护。商标权还具有严格的地域性，这是由商标权的国内法性质所决定的。

我国商标权的获得必须履行商标注册程序，而且实行申请在先原则。商标是产业活动中的一种识别标志，所以商标权的作用主要在于维护产业活动中的秩序，与专利权的作用主要在于促进产业的发展不同。根据我国《商标法》的规定，商标权有效期 10 年，自核准注册之日起计算，期满前 6 个月内申请续展，在此期间内未能申请的，可给予 6 个月的宽展期。续展可无限重复进行，每次续展期 10 年。

第四节　保护生态环境

一　环境保护所涉及的法律法规

《中华人民共和国环境保护法》是环境保护的基本法，该法于 1989 年通过。其他涉及环境保护的法律法规主要包括：（1）综合类：2001 年通过的《中华人民共和国防沙治沙法》；2002 年通过的《中华人民共和国清洁生产促进法》；1994 年通过的《中华人民共和国自然区保护条例》；

2007 年通过的《全国污染源普查条例》；2003 年通过的《排污费征收使用管理条例》；1998 年通过的《建设项目环境保护管理条例》等。（2）海洋环境保护类：1999 年通过的《中华人民共和国海洋环境保护法》；1983 年通过的《中华人民共和国防止船舶污染海域管理条例》；1985 年通过的《中华人民共和国海洋倾废管理条例》；2006 年通过的《防治海洋工程建设项目污染损害海洋环境管理条例》；2007 年通过的《中华人民共和国防治海岸工程建设项目污染损害海洋环境管理条例》等。（3）大气污染防治类：2000 年通过的《中华人民共和国大气污染防治法》。（4）固体废物污染防治类：2004 年通过的《中华人民共和国固体废物污染环境防治法》和《危险废物经营许可证管理办法》；2009 年通过的《废弃电器电子产品回收处理管理条例》。（5）水污染防治类：1984 年通过并于 1996 年和 2008 年修订的《中华人民共和国水污染防治法》；2000 年通过的《中华人民共和国水污染防治法实施细则》。（6）噪声污染防治类：1996 年通过的《中华人民共和国环境噪声污染防治法》。（7）放射性污染防治类：2003 年通过的《中华人民共和国放射性污染防治法》。

二　环境保护法的基本原则

1. 经济、社会与环境协调发展原则。该原则又被简称为协调发展原则，是指环境保护与经济建设和社会发展统筹规划、同步实施、协调发展，实现经济效益、社会效益和环境效益的统一。经济的发展总是和环境的保护存在着矛盾之处。经济和社会的发展导致对自然资源的需求不断增加，造成对环境资源的破坏。因此，该原则提出在发展经济的同时一定要注意到环境的保护，合理利用自然资源，保持良好的生态环境，提高资源的再生能力，实现资源的可持续利用，促进经济、社会与环境协调发展，促进人与自然和谐、稳定的发展。

2. 预防为主、防治结合、综合治理的原则。预防为主、防治结合、综合治理的原则简称为预防为主原则或综合治理原则，是指将环境保护的重点放在事前防止环境污染和自然破坏之上，同时也要积极治理和恢复现有的环境污染和自然破坏，以保护生态系统的安全和人类的健康及其财产安全。该原则要求在保护环境时要做到防患于未然。环境污染和破坏一旦发生，往往难以消除和恢复，甚至具有不可逆转性。而且事后治理环境污染和破坏的费用巨大，甚至付出巨大的经济代价也无法降低影响。我国不能走西方“先污染，后治理”的老路，而是应该采取“预防为主、防治结合”原则，尽量避免环境损害或将其消除于生产过程之中，做到防患于未然。

3. 污染者负担原则。该原则内容包括：污染者付费和污染者治理。所谓污染者治理，是指对环境造成污染的组织或个人，有责任对其污染和被污染的环境进行治理，并承担治理费用。实施该原则可以明确污染者的责任，推动排污者积极治理污染，促进企业治理污染和保护环境。

4. 公众参与原则。公众参与原则，又称环境民主原则或依靠群众保护环境的原则。该原则是指，环境法鼓励广大群众积极参与环境保护事业，保护他们对污染和破坏环境的行为依法进行监督的权利。公民有权通过一定的程序或途径参与一切与环境利益相关的决策活动，使得该项决策符合广大公民的切身利益。在环境法中确立公民参与的原则，是民主主义理念在环境管理活动中的延伸。

这项原则最集中地体现了现代环境法的民主与法治要求，是环境法制建设的重要保证。在环境问题所涉及的法律关系当中，公众的环境利益是最容易受到侵害的，而公众相对于企业事业单位和行政部门处于弱者地位，如果没有公众参与，环境保护就必然失去发展的动力，就会流于形式，也根本无法保证法律的公平与正义。

三　环境保护法的基本制度

1. 环境规划制度。我国《环境保护法》第十二条规定：县级以上人民政府环境保护行政主管部门，应当会同有关部门对管辖范围内的环境状况进行调查和评价，拟订环境保护规划，经计划部门综合平衡后，报同级人民政府批准实施。

环境规划按规划的时间期限分为短期规划、中期规划和长期规划。通常短期规划以5年为限，中期规划以15年为限，长期规划以20、30、50年为限。按规划的法定效力分为强制性规划和指导性规划。按规划的性质可以分为污染控制规划、国民经济整体规划和国土利用规划三大类。

2. 环境影响评价制度。环境影响评价适用于中华人民共和国领域和中华人民共和国管辖的其他海域内对环境有影响的建设项目、流域开发、开发区建设、城市新区建设和旧区改建等区域性开发，编制建设规划时，应当进行环境影响评价。

3. “三同时”制度。“三同时”制度，是指建设项目需要配置的环境保护设施必须与主体工程同时设计、同时施工、同时投产使用的环境法律制度。该制度系我国首创。

4. 排污收费制度。排污收费制度是指国家环境管理机关根据法律、法规的规定，对排污者征收一定数额的费用的一项法律制度。征收排污费的对象是超过国家或地方污染物排放标准排放污染物的企业事业单位。企业事业单位向水体排放污染物，不超过国家或者地方规定的污染物排放标准的，缴纳排污费，超过国家或者地方规定的污染物排放标准的，缴纳超标准排污费，即对排放水污染物的实行达标排放的征收排污费，超标准排放征收超标准排污费的双收费制度；向大气和海洋排放污染物的，其污染物排放浓度不得超过国家和地方规定的排放标准，达标排放的征收排污费，超标排污应当限期治理并处以罚款。

对排污者而言，其缴纳了排污费，并不免除其负担治理污染、赔偿污染损失和法律规定的其他义务和责任。排污费只是行政责任的一个，民事责任和刑事责任不受影响，还要承担。

5. 环境保护许可证制度。对不超过排污总量控制指标的排污单位，颁发《排放许可证》；对超出排污总量控制指标的排污单位，颁发《临时排放许可证》，并限期削减排放量。

6. 限期治理制度。限期治理制度，是指对污染严重的污染源，由法定国家机关依照法律限定其在一定期限内治理并完成治理任务，达到治理目标的一整套法律制度措施。

限期治理的对象包括两大类：一是严重污染环境的污染源；二是位于需要特别保护的区域内的超标准排污的污染源，需要特别保护的区域指风景名胜区、自然保护区和其他需要特别保护的区域。

限期治理由县级以上地方人民政府环境保护行政主管部门提出意见，报同级人民政府批准。中央或者省、自治区、直辖市人民政府管辖的企业事业单位的限期治理，由省、自治区、直辖市人民政府决定；市、县或市、县以下人民政府管辖的企业事业单位的限期治理，由市、县人民政府决定。造成环境噪声污染的小型企业事业单位的限期治理，可以由县级以上人民政府在国务院规定的权限内授权其环境保护行政主管部门决定。对经限期治理逾期未完成治理任务的企业事业单位，除加收超标准排污费外，可以处以罚款，或者责令停业、关闭，罚款由环境保护行政主管部门决定。责令停业、关闭，由做出限期治理决定的人民政府决定；责令中央直接管辖的企业事业单位停业、关闭的，须报国务院批准。

7. 环境标准制度。环境标准分为国家环境标准、地方环境标准和国家环境保护总局标准。国家环境标准包括国家环境质量标准、国家污染物排放标准、国家环境监测方法标准、国家环境样品标准和国家环境基础标准。地方环境标准包括地方环境质量标准和地方污染物排放标准。

环境质量标准和污染物排放标准是环境标准体系中最重要的两类标准。环境质量标准是环境中所允许含有有害物质或因素的最高限额。环境质量标准是确认环境是否被污染以及排污者是否应承担相应民事责任的根据。污染物排放标准是允许污染源排放污染物或有害环境的能量的最高限额。污染物排放标准是认定排污行为是否合法以及排污者是否应承担相应行政法律责任的根据。

四　环境纠纷处理的特殊性

环境民事责任，是指单位或者个人因污染危害环境而侵害了公共财产或者他人的人身、财产所应承担的民事方面的责任。

1. 环境民事责任的构成。第一，环境民事责任实行无过错责任。其原因在于环境侵害行为本身创造社会财富有一定的正当性，追究其过错几乎不可能；另外，由排污者从营利中赔偿受害人的损失，符合公平原则。第二，行为的违法性不是构成要件。行为人即使达标排污，只要从事排污并发生了危害后果的，也要承担民事责任。行为人不得以达标排放作为免除其民事责任的抗辩理由。第三，实行因果关系推定。即被告不能证明自己与环境污染危害无关就推定因果关系存在。

2. 环境民事责任的免责事由。第一，由不可抗力造成并且行为人及时采取合理措施。第二，受害者自我致害。污染损失由受害者自身的责任所引起的，排污单位不承担责任。第三，第三者过错引起的污染损失，第三者应当承担责任。

3. 环境民事诉讼时效为 3 年。环境保护法规定：因环境污染损害赔偿提起诉讼的时效期间为 3 年，从当事人知道或者应当知道受到污染损害时起计算。

4. 环境民事诉讼适用举证责任倒置。在环境民事诉讼中，原告只需提供被告侵权的基本事实，而被告则负有主要的举证责任。之所以在环境民事诉讼中适用举证责任倒置，是因为要求原告证明被告从事排污行为、排污行为与损害后果之间的因果关系十分困难。

第五节 规范市场竞争

一 反不正当竞争法

《中华人民共和国反不正当竞争法》于1993年通过。此法是一部旨在规范社会主义市场经济秩序，倡导公平有序竞争的法律。此法对于保护合法市场参与者的权益和打击不法市场经济行为有着重要意义。所谓不正当竞争行为，就是指经营者违反法律规定损害其他经营者的合法权益，扰乱社会经济秩序的行为。构成不正当竞争行为，在经营者之间可能不发生任何经济交往关系，但是只要一方的行为直接或间接侵害了其他经营者的经营利益，那么不正当竞争行为也就构成了。反不正当竞争法规制的主要是4种限制竞争的行为和7种不正当竞争行为。

（一）限制竞争行为

所谓限制竞争行为，是指相关市场主体利用自己的各种优势来妨碍、阻止、排除其他市场主体进行公平竞争的行为。根据《反不正当竞争法》的规定，限制竞争行为有以下四种具体表现形式：

1. 公用企业或其他依法具有独占地位的经营者的限制竞争行为。公用企业，是指涉及公用事业的经营者，包括供水、供电、供热、供气、邮政、电讯、公共交通运输等行业的经营者。依法具有独占地位的经营者，是指在某个行业或对某种产品依法或者自然形成的具有某种垄断性质的经营者。

这两类经营者在某些行业或对某些产品享有其他经营者无法比拟的经济优势，因此他们最容易利用其优势限制其他经营者的公平竞争。具体表现形式有以下几种：

（1）限定用户、消费者只能购买和使用其附带提供的相关产品而不得购买和使用其他经营者提供的符合技术标准要求的同类商品，如电信部门安装电话要求用户只能用他提供的电话机，否则不给安装。

（2）限定用户、消费者只能购买和使用其指定的经营者生产或经销的商品而不得购买和使用其他经营者提供的符合技术标准要求的同类商品。

（3）强制用户、消费者购买其提供的不必要的商品及配件。

（4）强制用户、消费者购买其指定的经营者提供的不必要的商品。

（5）以检验商品质量、性能为借口，阻碍用户、消费者购买使用其他经营者提供的符合技术标准要求的其他商品。

（6）对不接受其不合理条件的用户、消费者拒绝、中断或者削减供应相关商品或者滥收费用，如电信部门对手机双向收费。

（7）其他限制竞争行为。

2. 政府及其所属部门的限制竞争行为。政府部门的限制竞争行为主要表现为滥用行政权力，搞地方保护主义，地区封锁，限制产品进入或者资源流出本地市场，其目的是为了谋取行业或地方的局部利益。其表现形式多种多样，如某省某地的政府部门成立的“馒头管理办公室”。

3. 搭售或附加其他不合理条件的行为。这种限制竞争行为是指经营者销售商品时，违背对方意愿，强行搭售其他商品或者附加对方难以接受的不合理条件。如出售畅销商品的同时搭售滞销商品。

4. 招标投标中的串通行为。招标投标是市场经济活动中一种竞价缔约的交易方式，它必须建立在公平、公正、公开的基础上，如果招标者与投标者或者投标者与投标者之间相互串通即丧失了招标投标这一制度设立的本意。招标投标中的串通行为的表现形式主要有：招标者和投标者串通，损害其他投标者的利益；投标者之间相互串通，损害招标者的利益，从而使竞争的公平性降低或完全丧失。

（二）不正当竞争行为

不正当竞争行为是指经营者在市场经营活动中采取非法的或者违反商业道德的手段和方式与其他经营者进行竞争的行为。它主要包括以下七种行为：

1. 欺骗性交易行为。欺骗性交易行为又称假冒或混淆行为，它是指经营者在其经营活动中以虚假不实的方式或手段来推销自己的商品和服务，损害其他经营者及消费者利益的行为。具体表现为：

（1）假冒他人的注册商标，这种行为是指未经商标所有权人的许可而擅自使用其注册商标的行为，既侵犯了商标所有人的商标专用权，同时构成不正当竞争行为。

（2）与知名商品相混淆的行为，其是指擅自使用知名商品特有的名称、包装、装潢或者使用与知名商品相近似的名称、包装、装潢，造成和他人知名商标相混淆，使购买者误认的行为。这里的知名商品是指在市场上有一定知名度，并在一定范围为相关公众所知悉的商品，其特有的名称等是指与通用的名称等具有显著区别的商品名称、包装、装潢。

（3）擅自使用他人的企业名称或者姓名，使人误认为是他人的商品，这种行为使被冒用名称或姓名的企业的竞争优势因此而被削弱。

（4）伪造、冒用各种质量标志和产地的行为。如非绿色食品加上绿色食品标志，或者乙地的产品冒充甲地的产品，这种行为侵害的是被冒用的经营者和其他合法的经营者的利益。

2. 商业贿赂行为。商业贿赂行为是指经营者为争取交易机会给予交易对方相关人员和能够影响交易的其他相关人员以财物或其他好处的行为。在现实生活中具体的表现形式有回扣、折扣、佣金、介绍费等。如以账外暗中给付的方式支付回扣，折扣和佣金不如实入账等。

3. 虚假宣传行为。虚假宣传行为是指经营者利用广告和其他方法对产品的质量和性能、成分、用途、场地等所作的引人误解的宣传。所谓引人误解的宣传就是宣传内容容易引起他人的错误联想，从而导致其作出错误的购买决策，它具有极大隐蔽性，容易引起消费者和用户的误认。进行虚假宣传的主体包括经营者、广告的制作者和广告的发布者，这三类主体对虚假宣传所产生的法律后果依法承担连带责任。

4. 侵犯商业秘密的行为。侵犯商业秘密的行为是指利用非法手段获取、使用、披露其他经营者的商业秘密的行为。这里所说的商业秘密，是指不为公众所知悉、能为权利人带来经济利益、具有实用性并经权利人采取保密措施的技术信息和经营信息。“不为公众所知悉”是指没有公之于众，仍处于保密状态；“能为权利人带来经济利益”是指自己利用或者允许他人利用会带来经济上的收益；“具有实用性”简单说就是有用；“经权利人采取保密措施”是指权利人确实精心地采取了有效的保密措施，而不是自己泄密或者放任泄密，这是关键的一点，如果没有这一点，即使前几项都具备，也不能构成商业秘密。

5. 低价倾销行为。低价倾销行为是指经营者以排挤竞争对手为目的，以低于成本的价格销售商品的行为。低价倾销不仅损害其他经营者的合法权益，而且会扰乱正常的经济秩序。但是，不是所有的低于成本销售商品都属低价倾销，下列四种情况不属于低价倾销行为：第一，销售鲜活商品；第二，处理有效期即将到期的商品，或者其他积压的商品；第三，季节性降价；第四，因清偿债务、转产、歇业而低于成本价拍卖商品。除法律规定的四种情形之外，其他一切以低于成本销售的行为均属倾销。

6. 不正当有奖销售行为。有奖销售是市场经济条件下经营者常用的一种刺激购买力的促销手段，法律并不禁止所有的有奖销售行为，只禁止下列不正当的有奖销售行为：第一，谎称有奖实则无奖，或者对奖项内容作虚假、引人误解的表示。第二，故意让内定人员中奖。第三，故意将设有标志的商品、奖券不与同类商品同时投放。第四，抽奖式的有奖销售最高奖金额超过5000元。第五，利用有奖销售手段推销质次价高的商品。第六，其他欺骗性有奖销售行为。

7. 商业诋毁行为。商业诋毁行为是指经营者故意捏造、散布虚假事实，损害竞争对手的商业信誉、商品声誉，为自己取得竞争优势的行为。这里需要注意的是，构成这样的行为必须是出于主观故意捏造、散布虚假的事实，如果不是故意捏造、散布虚假的事实，而是采取对比的方式，对产品或服务的客观情况给予描述，即使是通过这种方式使竞争对手的优势明显低于经营者，那么也不能构成商业诋毁行为。

二 反垄断法

《中华人民共和国反垄断法》于2007年8月30日通过，自2008年8月1日起施行。《反垄断法》的目的是预防和制止垄断行为，保护市场公平竞争，提高经济运行效率，维护消费者利益和社会公共利益，促进社会主义市场经济健康发展。《反垄断法》适用于中华人民共和国境内经济活动中的垄断行为和对境内市场竞争产生排除、限制影响的中华人民共和国境外的垄断行为。

根据反垄断法的规定，垄断行为包括三种：第一，经营者达成垄断协议；第二，经营者滥用市场支配地位；第三，具有或者可能具有排除、限制竞争效果的经营者集中。

1. 达成垄断协议。所谓垄断协议，是指排除、限制竞争的协议、决定或者其他协同行为。包括横向垄断协议和纵向垄断协议。

横向垄断协议是指具有竞争关系的经营者达成下列垄断协议：固定或者变更商品价格；限制商品的生产数量或者销售数量；分割销售市场或者原材料采购市场；限制购买新技术、新设备或者限制开发新技术、新产品；联合抵制交易；国务院反垄断执法机构认定的其他垄断协议。纵向垄断协议是指经营者与交易相对人达成下列垄断协议：固定向第三人转售商品的价格；限定向第三人转售商品的最低价格；国务院反垄断执法机构认定的其他垄断协议。

垄断是为了限制竞争，但不一定都有害，为了优先保护公共利益，《反垄断法》规定了垄断行为的适用除外行为，包括：（1）为改进技术、研究开发新产品的；（2）为提高产品质量、降低成本、增进效率，统一产品规格、标准或者实行专业化分工的；（3）为提高中小经营者经营效率，增强中小经营者竞争力的；（4）为实现节约能源、保护环境、救灾救助等社会公共利益的；（5）因经济不景气，为缓解销售量严重下降或者生产明显过剩的；（6）为保障对外贸易和对外经济合作中的正当利益的；（7）法律和国务院规定的其他情形。

2. 滥用市场支配地位。市场支配地位，是指经营者在相关市场内具有能够控制商品价格、数量或者其他交易条件，或者能够阻碍、影响其他经营者进入相关市场能力的市场地位。滥用市场支配地位，是指具有某种市场支配地位的主体滥用其优势，排除、限制及损害竞争的行为。

有下列情形之一的，可以推定经营者具有市场支配地位：（1）一个经营者在相关市场的市场份额达到二分之一的；（2）两个经营者在相关市场的市场份额合计达到三分之二的；（3）三个经营者在相关市场的市场份额合计达到四分之三的。有前述第二和第三种情形，其中有的经营者市场份额不足十分之一的，不应当推定该经营者具有市场支配地位。

被推定具有市场支配地位的经营者，有证据证明不具有市场支配地位的，不应当认定其具有市场支配地位。

滥用市场支配地位的行为包括：（1）以不公平的高价销售商品或者以不公平的低价购买商品；（2）没有正当理由，以低于成本的价格销售商品；（3）没有正当理由，拒绝与交易相对人进行交易；（4）没有正当理由，限定交易相对人只能与其进行交易或者只能与其指定的经营者进行交易；（5）没有正当理由搭售商品，或者在交易时附加其他不合理的交易条件；（6）没有正当理由，对条件相同的交易相对人在交易价格等交易条件上实行差别待遇；（7）国务院反垄断执法机构认定的其他滥用市场支配地位的行为。

3. 特定的经营者集中。经营者集中是指下列情形：第一，经营者合并；第二，经营者通过取得股权或者资产的方式取得对其他经营者的控制权；第三，经营者通过合同等方式取得对其他经营者的控制权。经营者集中，应该进行事先申报。经营者集中具有或者可能具有排除、限制竞争效果的，国务院反垄断执法机构应当作出禁止经营者集中的决定。但是，经营者能够证明该集中对竞争产生的有利影响明显大于不利影响，或者符合社会公共利益的，国务院反垄断执法机构可以作出对经营者集中不予禁止的决定。对不予禁止的经营者集中，国务院反垄断执法机构可以决定附加减少集中对竞争产生不利影响的限制性条件。国务院反垄断执法机构应当将禁止经营者集中的决定或者对经营者集中附加限制性条件的决定，及时向社会公布。对外资并购境内企业或者以其他方式参与经营者集中，涉及国家安全的，还应当按照国家有关规定进行国家安全审查。

4. 行政垄断。行政垄断就是行政机关和法律法规授权的具有管理公共事务职能的组织滥用行政权力排除、限制竞争的行为。本质上属于“滥用市场支配地位”，只是由于主体特殊，需要做特别的说明。行政垄断行为包括地区封锁、强制交易及其他方式。

地区封锁行为包括：对外地商品设定歧视性收费项目、实行歧视性收费标准，或者规定歧视性价格；对外地商品规定与本地同类商品不同的技术要求、检验标准，或者对外地商品采取重复检验、重复认证等歧视性技术措施，限制外地商品进入本地市场；采取专门针对外地商品的行政许可，限制外地商品进入本地市场；设置关卡或者采取其他手段，阻碍外地商品进入或者本地商品运出；以设定歧视性资质要求、评审标准或者不依法发布信息等方式，排斥或者限制外地经营者参加本地的招标投标活动；滥用行政权力，采取与本地经营者不平等待遇等方式，排斥或者限制外地经营者在本地投资或者设立分支机构；妨碍商品在地区之间自由流通的其他行为。

强制交易指行政机关和法律、法规授权的具有管理公共事务职能的组织滥用行政权力，限定或者变相限定单位或者个人经营、购买、使用其指定的经营者提供的商品。

其他方式包括：行政机关和法律、法规授权的具有管理公共事务职能的组织滥用行政权力，强制经营者从事本法规定的垄断行为；行政机关滥用行政权力，制定含有排除、限制竞争内容的规定。

国务院规定的承担反垄断执法职责的机构（以下统称国务院反垄断执

法机构）依照《反垄断法》规定，负责反垄断执法工作。国务院反垄断执法机构根据工作需要，可以授权省、自治区、直辖市人民政府相应的机构，依照本法规定负责有关反垄断执法工作。

三　拍卖法

所谓拍卖，就是指以公开竞价的形式将特定物品或财产权利转让给最高应价者的买卖方式。拍卖法是为了规范拍卖行为，维护拍卖秩序，保护拍卖活动各方当事人的合法权益。《中华人民共和国拍卖法》于1996年通过，2004年进行了修正。

《拍卖法》规定：国务院负责管理拍卖业的部门对全国拍卖业实施监督管理。省、自治区、直辖市的人民政府和设区的市的人民政府负责管理拍卖业的部门对本行政区域内的拍卖业实施监督管理。

拍卖当事人是指拍卖人、委托人、竞买人和买受人。拍卖人是指委托人与买受人的中间人，是依照《拍卖法》和《公司法》设立的从事拍卖活动的企业法人。拍卖人必须具备下列条件：（1）有100万元人民币以上的注册资本；（2）有自己的名称、组织机构、住所和章程；（3）有与从事拍卖业务相适应的必要的从业人员，包括拍卖师及其他工作人员；（4）符合《拍卖法》和其他法律规定的拍卖业务规则；（5）公安机关颁发的特种行业许可证；（6）符合国务院有关拍卖业发展的规定；（7）法律、行政法规所规定的其他条件。

委托人是指委托拍卖人拍卖物品或者财产权利的公民、法人或其他组织。公民作为委托人时，应当具有完全的民事行为能力。竞买人是指参加竞购拍卖标的物的公民、法人或其他组织。买受人是指以最高应价购得拍卖标的物的竞买人。买受人肯定是竞买人，竞买人却不一定是买受人。竞买人存在于整个拍卖过程，买受人却是拍卖结束时最终买到拍卖标的物的人。

拍卖程序分为拍卖委托、拍卖展示与公告、拍卖实施、再行拍卖四个阶段。拍卖方式是指在拍卖时竞买人表达自己竞买意志和愿望的方式。常见的有增价拍卖、减价拍卖、密封递价拍卖、有声拍卖和无声拍卖。增价拍卖，是指在拍卖中竞买人的报价按照由低到高的规律依次递增，价格走向只增不减，直至竞买人的最高报价被拍卖师确认成交。这是拍卖业中采用最广泛的拍卖方式。减价拍卖，是指在拍卖中价格走向逐步降低的拍卖方式，是拍卖师从一个事先确定的价位开始按照既定的减价幅度，遵循由高到低的规律，由拍卖师依次报价，直至被确认成交。有声拍卖是在拍卖现场，竞买人的报价或者应价通过口头方式予以表示，无需其他辅助手段。无声拍卖是指在拍卖现场，竞买人不是发声报价，而是通过举牌或约定的手势等方式进行报价或者应价。

拍卖必须要遵守以下四大规则：第一，瑕疵请求规则。这一规则要求委托人应向拍卖人、拍卖人应向竞买人说明拍卖标的物的瑕疵，告知后，竞买人对已告知的瑕疵即丧失请求权。第二，底价规则。这一规则是指委托人可以就拍卖标的物确定一个最低价格，又称保留价，竞买人的应价结束时，其最高应价仍低于此价的，拍卖师应宣布拍卖不成交。在这一规则中，拍卖师必须遵循委托人所设定的最低拍卖价格。拍卖人对抗底价的行为无效。第三，价高者得规则。这一规则是指在拍卖中经过竞价，拍卖标的物属于出价最高的买主。在拍卖中，底价规则可以对抗价高者得规则。第四，禁止参与竞买规则。这一规则即禁止委托人、拍卖人参与竞买。拍卖人及其他工作人员不得以竞买人的身份参与自己组织的拍卖活动，并不得委托他人代为竞买。委托人也不得参与或委托他人参与竞买自己委托拍卖的物品。

四　招标投标法

《中华人民共和国招标投标法》于 1999 年 8 月 30 日通过，自 2000 年 1 月 1 日起施行。所谓招标就是指招标人对货物、工程和服务事先公布采购的条件和要求，邀请投标人参加投标，招标人按照规定的程序确定中标人的行为。所谓投标是指投标人按照招标人提出的要求和条件参加投标竞争的行为。

1. 招标。招标的方式包括两种：公开招标和邀请招标。《招标投标法》第十条规定："招标分为公开招标和邀请招标。公开招标，是指招标人以招标公告的方式邀请不特定的法人或者其他组织投标。邀请招标，是指招标人以投标邀请书的方式邀请特定的法人或者其他组织投标。"

公开招标的投标人具有不特定性，而邀请招标的投标人具有特定性。招标人是依《招标投标法》的规定提出招标项目并进行招标的法人或其他组织。依照《招标投标法》的规定，这里的招标人不包括自然人。

招标程序主要有：(1) 招标公告及投标邀请书。公开招标的应发布招标公告，发布招标公告应通过国家指定的报刊、信息网络或者其他媒介进行，招标公告应载明法定的内容。邀请招标的应发出投标邀请书，投标邀请书应当向3个以上具备承办招标项目能力、资信良好的特定的法人或者其他组织发出。(2) 对投标人的资格审查。招标人有权要求潜在的投标人提供有关资质证明文件和业绩情况，并对其进行资格审查。招标人收到投标文件后，如果发现投标人少于3个的，招标人应当依照《招标投标法》的规定重新招标。必须招标的项目在废标后，招标人必须依法重新招标。

招标人对已发出的招标文件进行必要的澄清或者修改的，应当在招标文件要求提交投标文件截止时间至少十五日前，以书面形式通知所有招标文件收受人。该澄清或者修改的内容为招标文件的组成部分。招标人应当确定投标人编制投标文件所需要的合理时间；但是，依法必须进行招标的项目，自招标文件开始发出之日起至投标人提交投标文件截止之日止，最短不得少于二十日。

2. 投标。投标人是指响应招标、参加投标竞争的法人或者其他组织。自然人只能成为允许个人参加项目的投标人，自然人作为投标人适用招标投标法关于投标人的规定。投标人应当具备承担招标项目的能力。

投标人不得相互串通投标，或者与招标人串通投标；投标人不得以行贿的手段谋取中标；投标人不得以低于成本的报价竞标；投标人不得以他人名义投标，或者弄虚作假骗取中标；投标人不得排挤其他投标人的公平竞争。

第六节　产品质量监管

为加强对产品质量的监督管理，提高产品质量水平，明确产品质量责任，保护消费者的合法权益，维护社会经济秩序，《中华人民共和国产品质量法》于1993年2月22日通过。

一　产品质量的相关概念

所谓产品是指经过加工、制作，用于销售的产品。未经过加工制作的天然物品，不属于这里的产品，如农民生产的粮食、蔬菜、瓜果，建筑工地用的沙子等。产品质量是指产品能满足规定的或者潜在需要的特性和特性的总和。它具体是指产品的安全性、适用性、可靠性、维修性、有效性、经济性等质量指标，它反映、代表了产品的质量状况。

生产者应当使其生产的产品达到以下质量要求：（1）不存在危及人身、财产安全的不合理的危险，有保障人体健康和人身财产安全的国家标准、行业标准的，应符合该标准。（2）具备产品应当具备的使用性能，对产品存在使用性能的瑕疵作出说明的除外。（3）产品的实际质量应符合在产品或者其包装注明采用的产品标准，并符合以产品说明、实物样品等方式表明的质量状况。

产品标准是对产品所作的技术规定，是判断产品合格与否的依据。产品标准分为国家标准（GB）、行业标准（HB）、地方标准（DB）、企业标准（QB）、国际标准（ISO、CB）等。产品质量责任是指产品的生产者、销售者违反《产品质量法》规定的义务应承担的法律后果。

二　产品质量责任的构成

产品的质量责任主要包括以下两个方面：（1）生产者的严格责任。因产品存在缺陷造成人身、财产损害的，无论生产者处于什么样的主观心理状态，都应当承担赔偿责任。（2）销售者的过错责任。由于销售者的过错导致产品存在缺陷，造成人身、财产损害的，销售者应当承担赔偿责任。如果销售者能够证明自己没有过错，则不用承担责任。如果销售者不能指明缺陷产品的生产者也不能指明缺陷产品的供货者，则应当承担赔偿责任。

三　产品质量监督

产品质量监督包括政府产品质量监督管理部门、产品质量的监督管理、产品质量的社会监督和对产品质量检验、认证机构的管理四个方面。

1. 监督管理部门。我国产品质量监督的行政部门的职权划分分为纵向和横向两种形式。纵向为国务院产品质量监督管理部门主管全国产品质量监督工作；县级以上地方产品质量监督部门主管本行政区域内的产品质量监督工作。横向为国务院有关部门在各自的职责范围内负责产品质量监督工作；县级以上地方人民政府有关部门在各自的职责范围内负责产品质量监督工作。

2. 产品质量的监督管理。

企业质量体系认证是由国家认证认可监督管理委员会认可的或者其授权的认证机构对企业的质量保证和质量管理所作的综合评价。经认证机构认证合格的，颁发企业质量体系认证证书。对企业质量体系认证根据国际通用的质量管理标准进行。国际通用的质量标准为 ISO 即国际标准化组织推行的 ISO9000（质量标准）系列标准和 ISO14000（环保标准）系列标准。

产品质量认证是由国家认证认可监督管理委员会批准的认证机构按照产品

标准和相关的技术要求，确认某一产品符合相应标准并颁发认证标志的活动。如方圆标志、长城标志、真皮标志、CCIB标志等等。经认证合格，有认证机构颁发认证证书和认证标志。企业可以在自己的产品或者其包装上使用认证标志。

需要注意的是，不论是企业质量体系认证还是产品质量认证，都以自愿申请为原则，国家对任何企业都不采取强制认证。

产品的监督检查的方式为抽查。监督检查的产品范围分为三类：第一，可能危及人体健康和人身、财产安全的产品；第二，影响国计民生的重要工业产品；第三，消费者、有关组织反映有重要质量问题的产品。

抽查取样的方式是随机抽查市场上待销的产品和企业成品仓库中待销的产品。抽查取样的数量不得超过检验的合理需要。按照国务院规定列支，不得向被抽查人收取。国家监督抽查的产品，地方不得另行重复抽查；上级监督抽查的产品，下级不得另行重复抽查。抽查结果必须由省级以上（国务院、省、自治区、直辖市）人民政府产品质量监督管理部门公告。

第五章　保障和改善民生相关法律知识

第一节　民生及其法律保障

所谓民生，主要是指民众的基本生存和生活状态，以及民众的基本发展机会、基本发展能力和基本权益保护的状况等。民生问题是国家发展的大问题，改善和保障民生是一个全局性、系统性、长期性的工作，这一工作的开展离不开法律法规制度性的保障。党和政府应当加快制定和完善收入分配、社会保障、医疗卫生、社会救助等涉及人民基本生活需要方面的法律法规。

一　建立和完善收入分配制度

合理的收入分配制度可以确保社会财富在社会成员之间以适当的比例分配。改革开放以来，随着市场经济的发展，我们在取得经济建设巨大成就的同时，也明显地感觉到社会财富在社会成员之间分配状况严重失衡，贫富差距扩大，影响到社会稳定和共同富裕的实现。建立合理的收入分配制度势在必行。

收入分配的状况与国家的稳定、发展密切相关。我们长期实行计划经济，经济受行政主导严重，调节收入分配的法律制度并不完善。运用法律手段可以在不同地区、不同行业、不同主体之间对国民收入进行分配；通过初次分配和再次分配，实现收入分配的公平效率的价值目标。虽然所有的法律都具有分配功能，但由于各个部门法的不同特点，他们在收入分配中所起的作用不尽相同。民商法具有初次分配的功能，并在初次分配中发挥主要作用，经济法具有再次分配的功能并在再分配中发挥主要作用。民商法以效率为原则实现了初次分配，但对于初次分配所导致的不公则无力再行调节，只能借助经济法等再分配法来调节。通过再次分配，经济法对收入分配进行进一步调节，实现社会经济总体公平和社会经济总体效率目标。

经济法的再分配主要立足于公平与效率的平衡，从而实现社会经济的协调、稳定与发展。经济法有效发挥再分配功能的重要前提是科学合理的经济法法律制度设计。由于我国法治建设起步晚，现有的经济法法律制度还存在诸多缺陷，难以对收入再分配实行最佳调节。这就需要立足国内实际并借鉴国际经验，完善我国的经济法律制度，如重新审视反垄断法，进一步加强对行政性垄断和国有企业垄断的规制；强化政府采购法的宏观调控功能，最大限度地促进中小企业发展；充分利用税法的杠杆作用，调节起点公平和结果公平；完善国有企业立法，加快国有企业调整和国有资本重组步伐，强化国有资本调节经济功能，引导民间资本合理流动，缩小地区发展差距。通过上述途径，完善我国的经济法制度，充分发挥经济法应有的再分配功能，从而有效推进我国收入分配制度的改革进程。

建立和完善收入分配制度，还要增加城乡居民收入，逐步提高居民收入在国民收入中的比重。具体来说，应做好以下几点：一是多渠道增加农民收入，确保农民工工资按时足额发放，适当提高扶贫标准。二是提高企业职工工资水平，建立企业职工工资正常增长和支付保障机制。推动企业建立工资集体协商制度，完善工资指导线制度，健全并落实最低工资制度。改革国有企业工资总额管理办法，加强对垄断行业企业工资监管。三是进一步提高企业退休人员基本养老金水平。四是深化公务员工资制度改革，继续做好规范公务员津贴补贴工作。加快推进事业单位收入分配制度改革。五是落实职工带薪年休假制度。同时要进一步完善消费政策，拓宽服务消费领域，稳定居民消费预期，扩大即期消费。只有把经济发展成果合理分配到群众手中，才能得到广大群众的拥护，才能促进社会和谐稳定。

二　建立和完善社会保障制度

我国的社会保障法是调整社会保险、社会救济、社会福利等社会关系的法律规范总称。我国于 1982 年在国家“七五”计划中提出的社会保障体系主要包括社会保险、社会救济、社会福利、优抚安置四项内容。随着社会经济的发展和变化，目前我国社会保障法律的范围和内容已在原来的基础上有所突破，在《国民经济和社会发展“九五”计划和 2010 年远景规划目标纲要》中提出的社会保障制度改革总目标是：“加快养老、失业、医疗保险制度改革，初步形成社会保险、社会福利、社会救济、社会优抚和社会互助、个人储蓄积累保障相结合的多层次社会保障制度”。社会保障的内容体系还在随着社会经济的发展不断扩大。

（一）社会保险

社会保险是国家的一项基本保障制度，这项保障制度是国家通过法律手段，多渠道筹集资金，对劳动者在因年老、失业、患病、工伤、生育而减少劳动收入时给予经济补偿，使他们能够享有基本生活保障的一项社会保障制度。在社会保障体系中，社会保险是重点部分，是整个体系的支柱。我国社会保险的适用范围是城镇劳动者。这主要因为我国实现工业化、现代化首先重点在城市，城市经济发展状况，也直接影响到农村经济。

社会保险资金的筹集和支付是刚性的，需要严格依法执行。而社会保障中的有些项目带有一定的弹性，如救灾、慈善事业中款物的使用等等。社会保险资金是特殊的专款专用资金，在整个社会保障资金中占有最大比例。如1995年我国离退休资金支付额1522.4亿元，加上在职职工的各项社会保险费用占整个社会保障的70%以上。因此，社会保险是整个社会保障体系中的重点。

2010年10月28日，《中华人民共和国社会保险法》予以公布并于2011年7月1日起施行。该法的公布实施将使在社会保障体系中处于核心和主导地位的社会保险有了法律的依据和支撑。《社会保险法》分别规定了基本养老保险、基本医疗保险、工伤保险、失业保险和生育保险。同时还规定了社会保险费的缴纳，社会保险基金，社会保险经办和社会保险监督。

（二）社会福利

社会福利是指国家和社会为维持和提高公民的生活质量而提供一定物质帮助，以满足公民的共同和特殊生活需要的制度。涉及社会福利的法律法规主要包括：《中华人民共和国义务教育法》，《加强孤儿救助工作的意见》及其他一些有关卫生福利、公共交通、残老妇幼福利等方面的法律法规。

《中华人民共和国义务教育法》的主要内容包括：国家实行九年义务教育制度。义务教育是国家统一实施的所有适龄儿童、少年必须接受的教育，是国家必须予以保障的公益性事业。实施义务教育，不收学费、杂费。国家建立义务教育经费保障机制，保证义务教育制度实施。凡具有中华人民共和国国籍的适龄儿童、少年，不分性别、民族、种族、家庭财产状况、宗教信仰等，依法享有平等接受义务教育的权利，并履行接受义务教育的义务。

各级人民政府及其有关部门应当履行本法规定的各项职责，保障适龄儿童、少年接受义务教育的权利。适龄儿童、少年的父母或者其他法定监护人应当依法保证其按时入学接受并完成义务教育。依法实施义务教育的学校应当按照规定标准完成教育教学任务，保证教育教学质量。社会组织和个人应当为适龄儿童、少年接受义务教育创造良好的环境。

义务教育实行国务院领导，省、自治区、直辖市人民政府统筹规划实施，县级人民政府为主管理的体制。县级以上人民政府教育行政部门具体负责义务教育实施工作；县级以上人民政府其他有关部门在各自的职责范围内负责义务教育实施工作。

凡年满六周岁的儿童，其父母或者其他法定监护人应当送其入学接受并完成义务教育；条件不具备的地区的儿童，可以推迟到七周岁。适龄儿童、少年因身体状况需要延缓入学或者休学的，其父母或者其他法定监护人应当提出申请，由当地乡镇人民政府或者县级人民政府教育行政部门批准。对违反学校管理制度的学生，学校应当予以批评教育，不得开除。教育教学工作应当符合教育规律和学生身心发展特点，面向全体学生，教书育人，将德育、智育、体育、美育等有机统一在教育教学活动中，注重培养学生独立思考能力、创新能力和实践能力，促进学生全面发展。

国家将义务教育全面纳入财政保障范围，义务教育经费由国务院和地方各级人民政府依照本法规定予以保障。国务院和地方各级人民政府将义务教育经费纳入财政预算，按照教职工编制标准、工资标准和学校建设标准、学生人均公用经费标准等，及时足额拨付义务教育经费，确保学校的正常运转和校舍安全，确保教职工工资按照规定发放。

2006年3月29日，民政部、中央综治办、最高人民法院、发展改革委、教育部、公安部、司法部、财政部、建设部、卫生部、共青团中央、农业部、人口计生委、全国妇联、劳动和社会保障联合下发了《加强孤儿救助工作的意见》。《加强孤儿救助工作的意见》对于儿童福利事业意义重大，因为它对孤儿的生活、教育、康复、医疗，包括住房、救济以及法律援助等方面都明确了各个部门的责任。实际上是建立了一种对孤儿进行救助福利的基本制度。这也是建国以来第一个综合性的儿童福利制度的安排。

（三）社会救济

社会救济也称社会救助，是国家对因意外事件或自然灾害等原因造成生活困难，以至于无法正常生存的公民，给予物质帮助，提供生存保障的制度。这是国家和社会对因各种原因无法维持最低生活水平的公民给予无偿救助的一项社会保障制度。这项社会保障制度属于最低层次的社会保障制度，用以保障居民的最低生活。目前我国的社会救助政策法规主要有：

1.《城市居民最低生活保障条例》。1999 年国务院颁布实施《城市居民最低生活保障条例》，该条例规定城市低保的对象为共同生活的家庭成员人均收入低于当地城市低保标准的持非农业户口的城市居民。具体包括：①无生活来源，无劳动能力，无法定赡养人、抚养人或扶养人的居民。②领取失业救济金期间或失业救济期满仍未重新就业，家庭人均收入低生活保障标准的居民。③在职工人员和下岗人员在领取工资基本生活费后以及退休人员领取退休金后，其家庭人均收入仍低于最低生活保障标准的居民。④其他家庭人均月收入低于当地最低生活保障标准的居民。

2.《关于在全国建立农村最低生活保障制度的通知》。2007 年 7 月，国务院又发布了《关于在全国建立农村最低生活保障制度的通知》，要求在全国范围内建立农村最低生活保障制度，明确了建立农村最低生活保障制度的目标和总体要求。建立农村最低生活保障制度的目标是：通过在全国范围建立农村最低生活保障制度，将符合条件的农村贫困人口全部纳入保障范围，稳定、持久、有效地解决全国农村贫困人口的温饱问题。要求做到制度完善、程序明确、操作规范、方法简便，保证公开、公平、公正。要实行动态管理，做到保障对象有进有出，补助水平有升有降。要与扶贫开发、促进就业以及其他农村社会保障政策、生活性补助措施相衔接，坚持政府救济与家庭赡养扶养、社会互助、个人自立相结合，鼓励和支持有劳动能力的贫困人口生产自救，脱贫致富。未来我国的城乡居民最低生活保障制度会更加科学、完善，农村的最低生活保障制度也会迅速建立起来。

（四）社会优抚

社会优抚是一项特殊性质的社会保障制度，是指政府和社会对军人等从事特殊工作的人员及其家属予以优待、抚恤和妥善安置的一类社会保障制度。主要是对军人或其家属提供一定生活水平的救济金、伤残抚恤、退伍安置及其他社会优待的制度。

社会优抚是我国社会保障制度的重要组成部分，我国《宪法》第四十五条规定，“国家和社会保障残废军人的生活，抚恤烈士家属，优待军人家属”。保障优抚对象的生活是国家和社会的责任。社会优抚制度的建立，对于维持社会稳定，保卫国家安全，促进国防和军队现代化建设，推动经济发展的社会进步具有重要的意义。

新中国成立之初，我国颁布了一系列优抚优待的法规，如1950年颁布了《革命军人牺牲病故褒恤暂行条例》、《民兵兵工伤亡褒恤暂行条例》、《革命残废军人优待抚恤暂行条例》等规定，建立起了以军人及其家属为对象的优抚制度。当时的规定主要涉及优待和抚恤问题，后来逐步扩到安置、养老等措施和服务上。1981年和1982年国务院和中央军委分别颁布了《关于军队干部退休的暂行规定》和《关于军队干部离职休养的暂行规定》，对军队干部离退休问题作了具体的规定。1984年第六届全国人大二次会议上通过了《中华人民共和国兵役法》，其中对军人的抚恤、优待、退休养老、退役安置等问题作了具体规定，同时废除了上述50年代颁布的几个条例，建立了国家、社会、群众三结合的抚恤优待制度。而自2004年10月1日起施行的《军人抚恤优待条例》是社会优抚立法方面的主要代表。另外还包括见义勇为优抚法、劳动模范优抚法、烈属优抚法、其他有特殊贡献者优抚法等方面的一些法律法规。

（五）其他社会保障

其他社会保障涵盖内容较多，涉及的主要法律法规有：

1.《农村五保供养工作条例》。1994年国务院颁布实施了《农村五保供养工作条例》，后于2006年进行了修订。农村五保供养的内容有：①供给粮油、副食品和生活用燃料。②供给服装被褥等生活用品和零用钱。③提供符合基本住条件的住房。④提供疾病治疗，对生活不能自理的给予照料。⑤办理丧葬事宜。农村五保供养的标准不得低于当地村民的平均生活水平，并根据当地村民平均生活水平的提高适时调整。

2.《关于实施农村医疗救助的意见》。该《意见》提出在开展新型农村合作医疗的地区，资助医疗救助对象缴纳个人应负担的全部或部分资金，参加当地合作医疗，享受合作医疗待遇；因患大病经合作医疗补助后个人负担医疗费用过高，影响家庭基本生活的，再给予适当的医疗救助；在尚未开展新型农村合作医疗的地区，对因患大病个人负担费用难以承担，影响家庭基本生活的，给予适当医疗救助；国家规定的特种传染病救治费用，按有关规定给予补助；对于特殊困难人员，可以适当提高医疗救助的水平。通过这些措施，对农村五保户，农村贫困户家庭成员，以及地方政府规定的其他符合条件的农村贫困农民，给予救助。2005年颁布的《关于建立城市医疗救助制度试点工作的意见》将城市医疗救助的对象主要分为两类：一类是城市居民最低生活保障对象中未参加城镇职工基本医疗保险人员；另一类是已参加城镇职工基本医疗保险但个人负担仍然较重的人员和其他特殊困难群众。对救助对象在扣除各项医疗保险的支付部分，单位应报销部分及社会互助帮困等后，个人负担超过一定金额的医疗费用或特殊病种医疗费用给予一定比例或一定数量的补助。城市医疗救助遵循多方筹资多种方式，量力而行的原则。城市医疗救助的形式主要有三种：即社会力量资助，城市医疗救助基金补助和医疗机构减免有关费用。

3.《城镇最低收入家庭廉租房管理办法》和《城填最低收入家庭廉租住房申请审核及退出管理办法》。这两个文件首先阐明了城镇最低收入家庭廉租住房保障水平的原则，即应当以满足基本住房需要为原则，根据当地财政承受能力和居民住房状况合理确定。在此基础上进一步明确了城镇最低收入家庭廉租住房保障面积标准，即城镇最低收入家庭人均廉租住房保障面积标准原则上不超过当地人均住房面积的60%。城镇最低收入家庭廉租住房可以采取三种保障方式：即租赁住房补贴，实物配租和租金核减。以租赁住房补贴为主，实物配租租金核减为辅。城镇最低收入家庭申请廉租住房须具备以下条件：①申请家庭人均收入符合当地廉租住房政策确定的收入标准。②申请家庭人均现住房面积符合当地廉租住房政策确定的面积标准。③申请家庭成员中至少有1人为当地非农业常住户口。④申请家庭成员之间有法定的赡养扶养或者抚养关系。⑤符合当地廉租住房政策规定的其他标准。

4.《法律援助条例》。2003年7月16日，国务院第15次常务会议通过了《法律援助条例》。援助对象是经济困难的公民。

刑事诉讼中有下列情形之一的，公民可以向法律援助机构申请法律援助：犯罪嫌疑人在被侦查机关第一次讯问后或者采取强制措施之日起，因经济困难没有聘请律师的；公诉案件中的被害人及其法定代理人或者近亲属，自案件移送审查起诉之日起，因经济困难没有委托诉讼代理人的；自诉案件的自诉人及其法定代理人，自案件被人民法院受理之日起，因经济困难没有委托诉讼代理人的。公诉人出庭公诉的案件，被告人因经济困难或者其他原因没有委托辩护人，人民法院为被告人指定辩护时，法律援助机构应当提供法律援助。被告人是盲、聋、哑人或者未成年人而没有委托辩护人的，或者被告人可能被判处死刑而没有委托辩护人的，人民法院为被告人指定辩护时，法律援助机构应当提供法律援助，无须对被告人进行经济状况的审查。

民事诉讼中公民对下列需要代理的事项，因经济困难没有委托代理人的，可以向法律援助机构申请法律援助：（1）依法请求国家赔偿的；（2）请求给予社会保险待遇或者最低生活保障待遇的；（3）请求发给抚恤金、救济金的；（4）请求给付赡养费、抚养费、扶养费的；（5）请求支付劳动报酬的；（6）主张因见义勇为行为产生的民事权益的。

5.《城市生活无着的流浪乞讨人员救助管理办法》。2003年国务院颁布实施了《城市生活无着的流浪乞讨人员救助管理办法》，并同时发布了《城市生活无着的流浪乞讨人员救助管理办法实施细则》。2006年又专门发布了《关于加强流浪未成年人工作的意见》。

流浪乞讨人员救助政策的对象是指：因自身无力解决食宿，无亲友投靠，又不享受城市最低生活保障或者农村五保供养，正在城市流浪乞讨度日的人员。对流浪乞讨人员实行救助的形式主要为救助站救助。救助站应当根据受助人员的情况确定救助期限，一般不超过10天，因特殊情况需要延长的，报上级民政主管部门备案。

流浪乞讨人员救助的内容：①提供符合食品卫生要求食物；②提供符合基本条件的住处；③对在站内突发急病的及时送医院救治；④帮助与其亲属或者在单位联系；⑤对没有交通费返回其住所地或者所在单位的，提供乘车凭证。

在当代，世界各国都将社会保障看作直接影响社会政治经济秩序的重要的法律制度。我国深化经济体制改革的历程既是社会保障制度发展的重要历史阶段，也是实现社会经济发展和社会稳定的关键时期。建立和完善社会主义市场经济体制是我国经济体制改革的目标，而完善的社会保障制度是建立社会主义市场经济体制的前提和保证。因此加强和完善我国社会保障制度具有重大的战略意义。

三　建立和完善医疗卫生制度

新中国成立以来，我国建立了从中央到地方的比较完备的医疗卫生制度，陆续颁布并不断完善医疗卫生行业的法律法规，有效地规范医疗卫生行业的发展，保障人民基本的医疗要求。这些法律法规主要包括：

1.《医疗机构管理条例》。1994年，国务院颁布了《医疗机构管理条例》，对从事疾病诊断、治疗活动的医院、卫生院、疗养院、门诊部、卫生所（室）以及急救站等医疗机构依法加强管理。卫生部还颁布了《医疗机构管理条例实施细则》，这两个行政法规至今仍是医疗卫生行业监督管理的重要法律依据。

2. 有关医师、护士的法律法规。为加强医护队伍建设，提高医师的职业道德和业务素质，保障医护人员的合法权益，2008年国务院出台的《护士条例》，规定了从业人员的考试、注册，护士的权利义务、法律责任等。《中华人民共和国执业医师法》于1998年通过，该法适用于依法取得执业医师资格或者执业助理医师资格，经注册在医疗、预防、保健机构中执业的专业医务人员，规定国家实行医师资格考试制度，包括执业医师资格考试和执业助理医师资格考试，考试合格取得医师资格的可以向所在地县级以上人民政府卫生行政部门申请注册，在注册的执业范围内，进行医学诊查、疾病调查、医学处置、出具相应的医学证明文件，选择合理的医疗、预防、保健方案。

3. 药品、医疗器械管理的法律法规。涉及药品与人民群众卫生健康密切相关的法律是《中华人民共和国药品管理法》。该法详细规定了药品生产企业管理、药品经营企业管理、医疗机构的药剂管理、药品管理、药品包装的管理、药品价格和广告的管理，以及药品监督等事项，以保障人体用药安全，维护人民身体健康和用药的合法权益。该法施行后不久，2002年国务院颁布了《中华人民共和国药品管理法实施条例》。此外，国务院还分别于1996年通过了《血液制品管理条例》；1987年通过了《野生药材资源保护管理条例》；1988年通过了《医疗用毒性药品管理办法》；1989年通过了《放射性药品管理条例》；2003年通过了《中华人民共和国中医药条例》；2005年通过了《麻醉药品和精神药品管理条例》等。与此同时，国务院还就医疗器械、医疗废物等的管理做出了规定，这主要包括：2000年的《医疗器械监督管理条例》、2003年的《医疗废物管理条例》以及2004年的《病原微生物实验室生物安全管理条例》等。当然，我国的医疗仍然存在诸多问题，虽然从上世纪九十年代起一直进行医疗体制的改革。但广大群众仍然因为看病难、看病贵、药价高、医患矛盾等问题而苦恼，这就需要我们根据新情况、新问题，不断完善立法。

4. 疾病防治的法律法规。《中华人民共和国传染病防治法》是疾病防治领域的主要法律。该法将传染病分为甲类、乙类和丙类，对传染病防治实行预防为主的方针，防治结合、分类管理、依靠科学、依靠群众；要求各级人民政府组织开展群众性卫生活动，进行预防传染病的健康教育，倡导文明健康的生活方式，提高公众对传染病的防治意识和应对能力，加强环境卫生建设，消除鼠害和蚊蝇等病媒生物的危害。疾病预防控制机构、医疗机构和采供血机构及其执行职务的人员发现本法规定的传染病疫情或者发现其他传染病暴发、流行以及突发原因不明的传染病时，应当遵循疫情报告属地管理原则，按照国务院规定的或者国务院卫生行政部门规定的内容、程序、方式和时限报告；对发现的各类传染病，要及时采取相应措施予以控制；县级以上人民政府应当加强和完善传染病医疗救治服务网络的建设，指定具备传染病救治条件和能力的医疗机构承担传染病救治任务，或者根据传染病救治需要设置传染病医院。

除此之外，疾病防治领域的法律法规还有：1991 年国务院批准的《中华人民共和国传染病防治法实施办法》；1979 年国务院批准的《防治布氏杆菌病暂行办法》；1987 年国务院通过的《中华人民共和国尘肺病防治条例》；2006 年国务院通过的《艾滋病防治条例》、《血吸虫病防治条例》。

第二节　建立和谐劳动关系

劳动权，是有劳动能力的公民获得参与社会劳动和领取相应报酬的权利。劳动权是公民基本权利之一，没有劳动权，没有通过劳动获得生存资料，基本的生存权利也就没有保障。在构成劳动权的一系列权利中，主要包括工作权、报酬权、休息权、职业安全权、职业培训权、民主管理权、社会保障权等。

一　劳动用工的法律法规

1.《中华人民共和国劳动法》。《中华人民共和国劳动法》于 1994 年通过，是我国第一部调整劳动关系、保护劳动者的合法权益的法律，该法规定劳动者享有平等就业和选择职业的权利、取得劳动报酬的、休息休假的权利、获得劳动安全卫生保护的权利、接受职业技能培训的权利、享受社会保险刚和福利的权利、提请劳动争议处理的权利等。值得注意的是，该法对促进就业也作了规定，国家通过促进经济发展和社会发展，创造就业条件、扩大就业机会；国家鼓励企业、事业组织、社会团体在法律、行政法规定的范围内兴办产业或者拓展经营，增加就业；地方各级人民政府应当采取措施，发展多种类型的职业介绍机构，提供就业服务。

2.《中华人民共和国劳动合同法》。该法于2007年通过，是在劳动就业领域完善劳动合同制度、明确劳动合同双方当事人的权利和义务、保护劳动者的合法权益、构建和发展和谐稳定的劳动关系的基本法律。该法规定了《劳动合同法》的适用范围，即中国境内的企业、个体经济组织、民办非企业组织、国家机关、事业单位、社会团体。只要这些用人单位与劳动者建立劳动关系，其订立、变更、解除、终止劳动合同都受到本法的调整。劳动合同是劳动者与用人单位之间确立劳动关系，明确双方权利和义务的书面协议。劳动合同是确立劳动关系的普遍性法律形式，是用人单位与劳动者履行劳动权利义务的依据。劳动合同分为固定期限、无固定期限和以完成一定工作任务为期限的劳动合同三种类型。《劳动合同法》详细规定了劳动合同的订立、履行、变更、解除和终止，对集体合同、劳务派遣以及非正式用工也作出了规定。

3.《中华人民共和国就业促进法》。就业是关乎民生、关乎社会稳定大局的大事，在大学扩招造成大学毕业生就业困难，农村劳动力大量涌进城镇，就业形势比较严峻的形势下，《中华人民共和国就业促进法》于2007年通过。《就业促进法》非常详细地规定了国家和各级政府组织应当为广大人民群众增加就业机会所应当作出的努力。该法规定了就业的政策支持、就业服务和管理、职业教育和培训以及就业援助等问题。国家应当把扩大就业放在经济社会发展的突出位置，实施积极的就业政策，坚持劳动者自主择业、市场调节就业、政府促进就业的方针，多渠道扩大就业。要求县以上人民政府应当把扩大就业作为经济和社会发展的重要目标，纳入国民经济和社会发展规划，并促进就业的中长期规划和年度工作计划。国家在就业政策上给予支持，统筹产业政策与就业政策；鼓励各类企业在法律法规规定的范围内，通过兴办产业或者拓展经营，鼓励发展劳动密集型产业、服务业，支持引导非公有制经济发展，发展国内外贸易和国际经济合作，以增加就业岗位。

4. 其他涉及劳动用工的法律法规。这主要包括：2008 年通过的《中华人民共和国劳动合同法实施条例》；2002 年通过的《禁止使用童工规定》；2007 年通过的《残疾人就业条例》；1993 年通过的《国有企业富余职工安置规定》；1994 年通过的《国务院关于职工工作时间的规定》等。

二　劳动保护的法律法规

1.《中华人民共和国安全生产法》。为了加强安全生产监督管理，防止和减少生产安全事故，保障人民群众生命和财产安全，促进经济发展，2002 年《中华人民共和国安全生产法》通过。该法确立了七项基本的法律制度：安全生产监督管理制度、生产经营单位安全保障制度、生产经营单位负责人安全责任制度、从业人员安全生产权利义务制度、安全中介服务制度、安全生产责任追究制度、事故应急救援和处理制度。该法要求生产经营单位必须遵守本法和其他有关安全生产的法律、法规，加强安全生产管理，建立、健全安全生产责任制度，完善安全生产条件，确保安全生产；生产经营单位的主要负责人对本单位的安全生产工作全面负责；生产经营单位应当具备本法和有关法律、行政法规和国家标准或者行业标准规定的安全生产条件，不具备安全生产条件的，不得从事生产经营活动；生产经营单位的主要负责人对本单位安全生产工作负有建立健全本单位安全生产责任制、组织制定本单位安全生产规章制度和操作规程、保证本单位安全生产投入的有效实施、督促检查本单位的安全生产工作以及时消除生产安全事故隐患、组织制定并实施本单位的生产安全事故应急救援预案、及时如实报告生产安全事故等职责；生产经营单位与从业人员订立的劳动合同，应当载明有关保障从业人员劳动安全、防止职业危害的事项，以及依法为从业人员办理工伤社会保险的事项；从业人员有权对本单位安全生产工作中存在的问题提出批评、检举、控告，有权拒绝违章指挥和强令冒险作业；从业人员发现直接危及人身安全的紧急情况时，有权停止作业或者在采取可能的应急措施后撤离作业场所；县级以上地方各级人民政府应当根据本行政区域内的安全生产状况，组织有关部门按照职责分工，对本行政区域内容易发生重大生产安全事故的生产经营单位进行严格检查，发现事故隐患，应当及时处理。

2.《中华人民共和国矿山安全法》。为了保障矿山生产安全，防止矿山事故，保护矿山职工人身安全，促进采矿业的发展，《中华人民共和国矿山安全法》于 1992 年通过。该法规定矿山建设工程的安全设施必须和主体工程同时设计、同时施工、同时投入生产和使用；矿山建设工程的设计文件，必须符合矿山安全规程和行业技术规范，并按照国家规定经管理矿山企业的主管部门批准，不符合矿山安全规程和行业技术规范的，不得批准；矿山建设工程安全设施的设计必须有劳动行政主管部门参加审查；矿山安全规程和行业技术规范，由国务院管理矿山企业的主管部门制定；矿山设计的项目必须符合矿山安全规程和行业技术规范。矿山开采必须具备保障安全生产的条件，执行开采不同矿种的矿山安全规程和行业技术规范；矿山企业必须对机电设备及其防护装置、安全检测仪器，定期检查、维修，保证使用安全；矿山企业必须对作业场所中的有毒有害物质和井下空气含氧量进行检测，保证符合安全要求；矿山企业必须对瓦斯爆炸、煤尘爆炸等危害安全的事故隐患采取预防措施。矿山企业必须建立、健全安全生产责任制；矿长对本企业的安全生产工作负责，矿长应当定期向职工代表大会或者职工大会报告安全生产工作，发挥职工代表大会的监督作用。发生矿山事故，矿山企业必须立即组织抢救，防止事故扩大，减少人员伤亡和财产损失，对伤亡事故必须立即如实报告劳动行政主管部门和管理矿山企业的主管部门。

3.《中华人民共和国职业病防治法》。为了预防、控制和消除职业病危害，防治职业病，保护劳动者健康及其相关权益，促进经济发展，《中华人民共和国职业病防治法》于2001年通过。该法规定国家实行职业卫生监督制度，国务院卫生行政部门统一负责全国职业病防治的监督管理工作，国务院有关部门在各自的职责范围内负责职业病防治的有关监督管理工作，县级以上地方人民政府卫生行政部门负责本行政区域内职业病防治的监督管理工作，县级以上地方人民政府有关部门在各自的职责范围内负责职业病防治的有关监督管理工作。产生职业病危害的用人单位的设立除应当符合法律、行政法规规定的设立条件外，其工作场所还应当符合下列职业卫生要求：职业病危害因素的强度或者浓度符合国家职业卫生标准；有与职业病危害防护相适应的设施；生产布局合理，符合有害与无害作业分开的原则；有配套的更衣间、洗浴间、孕妇休息间等卫生设施；设备、工具、用具等设施符合保护劳动者生理、心理健康的要求；法律、行政法规和国务院卫生行政部门关于保护劳动者健康的其他要求。用人单位应当采取下列职业病防治管理措施：设置或者指定职业卫生管理机构或者组织，配备专职或者兼职的职业卫生专业人员，负责本单位的职业病防治工作；制定职业病防治计划和实施方案；建立、健全职业卫生管理制度和操作规程；建立、健全职业卫生档案和劳动者健康监护档案；建立、健全工作场所职业病危害因素监测及评价制度；建立、健全职业病危害事故应急救援预案。职业病诊断应当由省级以上人民政府卫生行政部门批准的医疗卫生机构承担，劳动者可以在用人单位所在地或者本人居住地依法承担职业病诊断的医疗卫生机构进行职业病诊断。县级以上人民政府卫生行政部门依照职业病防治法律、法规、国家职业卫生标准和卫生要求，依据职责划分，对职业病防治工作及职业病危害检测、评价活动进行监督检查，卫生行政部门履行监督检查职责时，有权采取下列措施：进入被检查单位和职业病危害现场，了解情况，调查取证；查阅或者复制与违反职业病防治法律、法规的行为有关的资料和采集样品；责令违反职业病防治法律、法规的单位和个人停止违法行为。

4.《女职工劳动保护规定》。为维护女职工的合法权益，减少和解决女职工在劳动和工作中因生理特点造成的特殊困难，保护其健康，《女职工劳动保护规定》于1988年通过。该法规定凡适合妇女从事劳动的单位，不得拒绝招收女职工，不得在女职工怀孕期、产期、哺乳期降低其基本工资，或者解除劳动合同；禁止安排女职工从事矿山井下、国家规定的第四级体力劳动强度的劳动和其他女职工禁忌从事的劳动；女职工在月经期间，所在单位不得安排其从事高空、低温、冷水和国家规定的第三级体力劳动强度的劳动；女职工在怀孕期间，所在单位不得安排其从事国家规定的第三级体力劳动强度的劳动和孕期禁忌从事的劳动，不得在正常劳动日以外延长劳动时间，对不能胜任原劳动的，应当根据医务部门的证明，予以减轻劳动量或者安排其他劳动；怀孕七个月以上（含七个月）的女职工，一般不得安排其从事夜班劳动；在劳动时间内应当安排一定的休息时间，怀孕的女职工，在劳动时间内进行产前检查，应当算作劳动时间；女职工产假为九十天，其中产前休假十五天，难产的，增加产假十五天，多胞胎生育的，每多生育一个婴儿，增加产假十五天，女职工怀孕流产的，其所在单位应当根据医务部门的证明，给予一定时间的产假；有不满一周岁婴儿的女职工，其所在单位应当在每班劳动时间内给予其两次哺乳（含人工喂养）时间；女职工在哺乳期内，所在单位不得安排其从事国家规定的第三级体力劳动强度和哺乳期禁忌从事的劳动，不得延长其劳动时间，一般不得安排其从事夜班劳动；女职工比较多的单位应当按照国家有关规定，以自办或者联办的形式，逐步建立女职工卫生室、孕妇休息室、哺乳室、托儿所、幼儿园等设施，并妥善解决女职工在生理卫生、哺乳、照料婴儿方面的困难；女职工劳动保护的权益受到侵害时，有权向所在单位的主管部门或者当地劳动部门提出申诉。受理申诉的部门应当自收到申诉书之日起三十日内作出处理决定；女职工对处理决定不服的，可以在收到处理决定书之日起十五日内向人民法院起诉。

5. 其他劳动保护的法律法规。主要包括 1996 年国务院批准的《中华人民共和国矿山安全法实施条例》；2001 年的《国务院关于特大安全事故行政责任追究的规定》；2002 年的《使用有毒物品作业场所劳动保护条例》；2004 年的《安全生产许可证条例》与《劳动保障监察条例》；2005 年的《国务院关于预防煤矿生产安全事故的特别规定》；2007 年的《生产安全事故报告和调查处理条例》等。

三　企业劳动争议的法律法规

1.《中华人民共和国劳动争议调解仲裁法》。根据该法的规定，一旦劳动者在劳动过程中发生了劳动争议，当事人不愿协商、协商不成或者达成和解协议后不履行的，可以向调解组织申请调解；不愿调解、调解不成或者达成调解协议后不履行的，可以向劳动争议仲裁委员会申请仲裁；对仲裁裁决不服的，除本法另有规定的外，可以向人民法院提起诉讼。当事人寻求调解的，依该法可以向企业劳动争议调解委员会、依法设立的基层人民调解组织和在乡镇街道设立的具有劳动争议调节职能的组织需求调解。当事人申请仲裁的，可以向劳动争议仲裁委员会申请仲裁。劳动争议仲裁委员会按照统筹规划、合理布局和适应实际需要的原则设立。省、自治区人民政府可以决定在市、县设立；直辖市人民政府可以决定在区、县设立。直辖市、设区的市也可以设立一个或者若干个劳动争议仲裁委员会。劳动争议仲裁委员会不按行政区划层层设立。劳动争议仲裁委员会由劳动行政部门代表、工会代表和企业方面代表组成。劳动争议仲裁委员会组成人员应当是单数。此外，该法对调解和仲裁的过程，对仲裁委员的组成，对申请、受理、开庭和裁决的过程都做了详细的规定。该法对保护广大人民群众的劳动权利发挥着重要作用。

2.《中华人民共和国企业劳动争议处理条例》。该条例规定，因企业开除、除名、辞退职工和职工辞职、自动离职发生的争议，因执行国家有关工资、保险、福利、培训、劳动保护的规定发生的争议，因履行劳动合同发生的争议，法律、法规规定应当依照本条例处理的其他劳动争议，适用本条例。处理劳动争议的时候，应当遵循下列原则：着重调解，及时处理；在查清事实的基础上，依法处理；当事人在适用法律上一律平等。劳动争议发生后，当事人应当协商解决；不愿协商或者协商不成的，可以向本企业劳动争议调解委员会申请调解；调解不成的，可以向劳动争议仲裁委员会申请仲裁；当事人也可以直接向劳动争议仲裁委员会申请仲裁；对仲裁裁决不服的，可以向人民法院起诉。企业可以设立劳动争议调解委员会，调解委员会负责调解本企业发生的劳动争议，调解委员会由下列人员组成：职工代表，企业代表，企业工会代表。职工代表由职工代表大会（或者职工大会，下同）推举产生；企业代表由厂长（经理）指定；企业工会代表由企业工会委员会指定。调解委员会组成人员的具体人数由职工代表大会提出并与厂长（经理）协商确定，企业代表的人数不得超过调解委员会成员总数的三分之一。县、市、市辖区应当设立劳动争议仲裁委员会，仲裁委员会由下列人员组成：劳动行政主管部门的代表，工会的代表，政府指定的经济综合管理部门的代表；仲裁委员会组成人员必须是单数，主任由劳动行政主管部门的负责人担任；劳动行政主管部门的劳动争议处理机构为仲裁委员会的办事机构，负责办理仲裁委员会的日常事务；仲裁委员会实行少数服从多数的原则。

第三节　保护消费者合法权益

《中华人民共和国消费者权益保护法》于1993年10月31日通过，自1994年1月1日起施行。消费者为生活消费需要购买、使用商品或者接受服务的，适用消费者保护法。所谓消费者，是指为个人生活消费需要购买、使用商品和接受服务的自然人。从事消费活动的社会组织、企事业单位不属于消费者保护法意义上的消费者。农民购买、使用直接用于农业生产的生产资料时，参照消费者保护法执行。

《消费者权益保护法》主要调整两方面社会关系，一是消费者与经营者之间的关系，即消费者为生活消费与经营者之间产生的关系，二是消费者与国家之间的关系。《消费者权益保护法》遵循以下基本原则：交易自愿平等、公平、诚实信用原则；国家保护消费者合法权益不受侵害的原则；全社会共同保护消费者合法权益的原则等。

一　消费者的权利与经营者的义务

消费者的权利包括：（1）安全保障权；（2）知悉真情权；（3）自主选择权；（4）公平交易权，这体现在两个方面：其一，交易条件公平，即消费者在购买商品或接受服务时；有权获得质量保证、价格合理、计量正确等公平交易条件；其二，不得强制交易。消费者有权按照真实意愿从事交易活动，对经营者的强制交易行为有权拒绝。（5）获取赔偿权；（6）结社权，中国消费者协会及地方各级消费者协会已经成立；（7）获得相关知识权；（8）受尊重权；（9）监督批评权。

经营者的义务包括：（1）提供真实信息的义务。经营者应当向消费者提供有关商品和服务的真实信息，不得作引人误解的虚假宣传。对消费者关于质量、使用方法等问题的询问，经营者应作出明确的、完备的、符合实际的答复。此外，商品应明码标价。（2）标明真实名称和标记的义务。对租赁柜台或场地的行为，承租方有义务标明自己的真实名称和标记。（3）出具凭证或单据的义务。经营者提供商品或者服务，应按照国家规定或商业惯例向消费者出具购货凭证或者服务单据；消费者索要购货凭证或者单据的，经营者必须出具。（4）保证质量的义务。（5）履行“三包”或其他责任的义务。（6）不得单方作出对消费者不利规定的义务。经营者不得以格式合同、通知、声明、店堂告示等方式作出对消费者不公平、不合理的规定，或者减轻、免除其损害消费者合法权益应当承担的民事责任，其内容无效。（7）不得侵犯消费者人格权的义务。消费者的人格尊严和人身自由理应依法获得保障。经营者不得对消费者进行侮辱、诽谤，不得搜查消费者的身体及其携带的物品，不得侵犯消费者的人身自由。

二 侵犯消费者权益的法律责任

1. 侵犯消费者合法权益的民事责任的规定：

（1）“三包”责任。《消费者权益保护法》第45条明确规定，对国家规定或者经营者与消费者约定包修、包换、包退的商品，经营者应当负责修理、更换或者退货。在保修期内两次修理仍不能正常使用的，经营者应当负责更换或者退货。对于“三包”的大件商品，消费者要求经营者修理、更换、退货的，经营者应当承担运输等合理费用。

（2）邮购商品的民事责任。未按照约定提供的，应当按照消费者的要求履行约定或者退回货款；并应当承担消费者必须支付的合理费用。

（3）预收款方式提供商品或服务的责任。经营者以预收款方式提供商品或服务的，应当按照约定提供。未按照约定提供的，应依照消费者的要求履行约定或者退回预付款；并应当承担预付款的利息、消费者必须支付的合理费用。

（4）消费者购买的商品，依法经有关行政部门认定为不合格的，消费者可以要求退货，经营者应当负责退货，不得无理拒绝。

2. 对欺诈行为的惩罚性规定。欺诈消费者行为的认定：第一，经营者对其商品或服务的说明行为是虚假的，足以使一般消费者受到欺骗或误导。第二，消费者因受误导而接受了经营者的商品或服务，即经营者的虚假说明与消费者的消费行为之间存在因果关系。

对经营者的欺诈行为，消费者不仅可以获得补偿性的赔付，还可要求增加赔偿额。增加赔偿的金额为消费者购买商品的价款或者接受服务的费用的1倍。

第四节　加强食品、药品安全

食品、药品直接由人体服用，与人的健康关系密切。这些年来，各类食品、药品安全问题不断出现，这要求国家加大制定预防和应对食品、药品安全的法律法规。关于食品、药品安全方面的法律主要有《中华人民共和国食品卫生法》和《中华人民共和国药品管理法》。

一　食品卫生法

为保证食品安全，保障公众身体健康和生命安全，2009 年 2 月 28 日《中华人民共和国食品安全法》通过。该法规定从事以下食品相关产品行为的要遵守该法的规定：食品生产和加工，食品流通和餐饮服务；食品添加剂的生产经营；用于食品的包装材料、容器、洗涤剂、消毒剂和用于食品生产经营的工具、设备的生产经营；食品生产经营者使用食品添加剂、食品相关产品；对食品、食品添加剂和食品相关产品的安全管理。国务院设立食品安全委员会，其工作职责由国务院规定；国务院卫生行政部门承担食品安全综合协调职责，负责食品安全风险评估、食品安全标准制定、食品安全信息公布、食品检验机构的资质认定条件和检验规范的制定，组织查处食品安全重大事故；国务院质量监督、工商行政管理和国家食品药品监督管理部门依照本法和国务院规定的职责，分别对食品生产、食品流通、餐饮服务活动实施监督管理；县级以上地方人民政府统一负责、领导、组织、协调本行政区域的食品安全监督管理工作，建立健全食品安全全程监督管理的工作机制；统一领导、指挥食品安全突发事件应对工作；完善、落实食品安全监督管理责任制，对食品安全监督管理部门进行评议、考核。国家建立食品安全风险监测制度，对食源性疾病、食品污染以及食品中的有害因素进行监测；国务院卫生行政部门会同国务院有关部门制定、实施国家食品安全风险监测计划；省、自治区、直辖市人民政府卫生行政部门根据国家食品安全风险监测计划，结合本行政区域的具体情况，组织制定、实施本行政区域的食品安全风险监测方案。

食品安全标准应当包括下列内容：食品、食品相关产品中的致病性微生物、农药残留、兽药残留、重金属、污染物质以及其他危害人体健康物质的限量规定；食品添加剂的品种、使用范围、用量；专供婴幼儿和其他特定人群的主辅食品的营养成分要求；对与食品安全、营养有关的标签、标识、说明书的要求；食品生产经营过程的卫生要求；与食品安全有关的质量要求；食品检验方法与规程；其他需要制定为食品安全标准的内容。

食品生产经营应当符合食品安全标准，并符合下列要求：具有与生产经营的食品品种、数量相适应的食品原料处理和食品加工、包装、贮存等场所，保持该场所环境整洁，并与有毒、有害场所以及其他污染源保持规定的距离；具有与生产经营的食品品种、数量相适应的生产经营设备或者设施，有相应的消毒、更衣、盥洗、采光、照明、通风、防腐、防尘、防蝇、防鼠、防虫、洗涤以及处理废水、存放垃圾和废弃物的设备或者设施；有食品安全专业技术人员、管理人员和保证食品安全的规章制度；具有合理的设备布局和工艺流程，防止待加工食品与直接入口食品、原料与成品交叉污染，避免食品接触有毒物、不洁物；餐具、饮具和盛放直接入口食品的容器，使用前应当洗净、消毒，炊具、用具用后应当洗净，保持清洁；贮存、运输和装卸食品的容器、工具和设备应当安全、无害，保持清洁，防止食品污染，并符合保证食品安全所需的温度等特殊要求，不得将食品与有毒、有害物品一同运输；直接入口的食品应当有小包装或者使用无毒、清洁的包装材料、餐具；食品生产经营人员应当保持个人卫生，生产经营食品时，应当将手洗净，穿戴清洁的工作衣、帽；销售无包装的直接入口食品时，应当使用无毒、清洁的售货工具；用水应当符合国家规定的生活饮用水卫生标准；使用的洗涤剂、消毒剂应当对人体安全、无害等。

食品检验实行食品检验机构与检验人负责制；食品检验报告应当加盖

食品检验机构公章，并有检验人的签名或者盖章；食品检验机构和检验人对出具的食品检验报告负责。进口的食品、食品添加剂以及食品相关产品应当符合我国食品安全国家标准；进口的食品应当经出入境检验检疫机构检验合格后，海关凭出入境检验检疫机构签发的通关证明放行。国务院组织制定国家食品安全事故应急预案；县级以上地方人民政府应当根据有关法律、法规的规定和上级人民政府的食品安全事故应急预案以及本地区的实际情况，制定本行政区域的食品安全事故应急预案，并报上一级人民政府备案；食品生产经营企业应当制定食品安全事故处置方案，定期检查本企业各项食品安全防范措施的落实情况，及时消除食品安全事故隐患。县级以上地方人民政府组织本级卫生行政、农业行政、质量监督、工商行政管理、食品药品监督管理部门制定本行政区域的食品安全年度监督管理计划，并按照年度计划组织开展工作。

二　药品管理法

为加强药品监督管理，保证药品质量，保障人体用药安全，维护人民身体健康和用药的合法权益，《中华人民共和国药品管理法》于2001年通过。该法规定由国务院药品监督管理部门主管全国药品监督管理工作；国务院有关部门在各自的职责范围内负责与药品有关的监督管理工作；省、自治区、直辖市人民政府药品监督管理部门负责本行政区域内的药品监督管理工作。省、自治区、直辖市人民政府有关部门在各自的职责范围内负责与药品有关的监督管理工作；国务院药品监督管理部门应当配合国务院经济综合主管部门，执行国家制定的药品行业发展规划和产业政策。

开办药品生产企业，须经企业所在地省、自治区、直辖市人民政府药品监督管理部门批准并发给《药品生产许可证》，凭《药品生产许可证》到工商行政管理部门办理登记注册，无《药品生产许可证》的，不得生产药品，药品监督管理部门批准开办药品生产企业，还应当符合下列条件：具有依法经过资格认定的药学技术人员、工程技术人员及相应的技术工人；具有与其药品生产相适应的厂房、设施和卫生环境；具有能对所生产药品进行质量管理和质量检验的机构、人员以及必要的仪器设备；具有保证药品质量的规章制度。

开办药品批发企业，须经企业所在地省、自治区、直辖市人民政府药品监督管理部门批准并发给《药品经营许可证》；开办药品零售企业，须经企业所在地县级以上地方药品监督管理部门批准并发给《药品经营许可证》，凭《药品经营许可证》到工商行政管理部门办理登记注册；无《药品经营许可证》的，不得经营药品；药品监督管理部门批准开办药品经营企业，还应当具备以下条件：具有依法经过资格认定的药学技术人员；具有与所经营药品相适应的营业场所、设备、仓储设施、卫生环境；具有与所经营药品相适应的质量管理机构或者人员；具有保证所经营药品质量的规章制度。医疗机构必须配备依法经过资格认定的药学技术人员，非药学技术人员不得直接从事药剂技术工作；医疗机构配制制剂，须经所在地省、自治区、直辖市人民政府卫生行政部门审核同意，由省、自治区、直辖市人民政府药品监督管理部门批准，发给《医疗机构制剂许可证》，无《医疗机构制剂许可证》的，不得配制制剂；医疗机构配制制剂，必须具有能够保证制剂质量的设施、管理制度、检验仪器和卫生条件。

研制新药，必须按照国务院药品监督管理部门的规定如实报送研制方法、质量指标、药理及毒理试验结果等有关资料和样品，经国务院药品监督管理部门批准后，方可进行临床试验；药物临床试验机构资格的认定办法，由国务院药品监督管理部门、国务院卫生行政部门共同制定；完成临床试验并通过审批的新药，由国务院药品监督管理部门批准，发给新药证书。

直接接触药品的包装材料和容器，必须符合药用要求，符合保障人体健康、安全的标准，并由药品监督管理部门在审批药品时一并审批；药品生产企业不得使用未经批准的直接接触药品的包装材料和容器；对不合格的直接接触药品的包装材料和容器，由药品监督管理部门责令停止使用；

药品包装必须适合药品质量的要求，方便储存、运输和医疗使用；发运中药材必须有包装；在每件包装上，必须注明品名、产地、日期、调出单位，并附有质量合格的标志。

药品依法实行政府定价、政府指导价的，政府价格主管部门应当依照《中华人民共和国价格法》规定的定价原则，依据社会平均成本、市场供求状况和社会承受能力合理制定和调整价格，做到质价相符，消除虚高价格，保护用药者的正当利益；药品的生产企业、经营企业和医疗机构必须执行政府定价、政府指导价，不得以任何形式擅自提高价格。

药品监督管理部门有权按照法律、行政法规的规定对报经其审批的药品研制和药品的生产、经营以及医疗机构使用药品的事项进行监督检查，有关单位和个人不得拒绝和隐瞒；药品监督管理部门进行监督检查时，必须出示证明文件，对监督检查中知悉的被检查人的技术秘密和业务秘密应当保密。

第五节　预防和应对自然灾害

在近年的企业生产过程中，特别是矿产企业生产过程中，安全事故频频发生。地震、泥石流、洪涝、干旱等自然灾害以及类似于“非典”疫情等无法预测的突发公共卫生事件，给国家和人民带来巨大损失。因此，要积极应用法律加以应对，以减少损失，最大程度地保护人民群众的生命财产安全。

一　防震减灾法

《中华人民共和国防震减灾法》于1997年通过，2008年进行了修订。该法规定在国务院的领导下，国务院地震工作主管部门和国务院经济综合宏观调控、建设、民政、卫生、公安以及其他有关部门，按照职责分工，各负其责，密切配合，共同做好防震减灾工作；县级以上地方人民政府负责管理地震工作的部门或者机构和其他有关部门在本级人民政府领导下，按照职责分工，各负其责，密切配合，共同做好本行政区域的防震减灾工作；国务院抗震救灾指挥机构负责统一领导、指挥和协调全国抗震救灾工作，县级以上地方人民政府抗震救灾指挥机构负责统一领导、指挥和协调本行政区域的抗震救灾工作；国务院地震工作主管部门和县级以上地方人民政府负责管理地震工作的部门或者机构，承担本级人民政府抗震救灾指挥机构的日常工作。

国务院地震工作主管部门会同国务院有关部门组织编制国家防震减灾规划，报国务院批准后组织实施；县级以上地方人民政府负责管理地震工作的部门或者机构会同同级有关部门，根据上一级防震减灾规划和本行政区域的实际情况，组织编制本行政区域的防震减灾规划，报本级人民政府批准后组织实施，并报上一级人民政府负责管理地震工作的部门或者机构备案。

国家加强地震监测预报工作，建立多学科地震监测系统，逐步提高地震监测预报水平；国家对地震监测台网实行统一规划，分级、分类管理；国务院地震工作主管部门和县级以上地方人民政府负责管理地震工作的部门或者机构，按照国务院有关规定，制定地震监测台网规划；全国地震监测台网由国家级地震监测台网、省级地震监测台网和市、县级地震监测台网组成，其建设资金和运行经费列入财政预算。国务院地震工作主管部门负责制定全国地震烈度区划图或者地震动参数区划图；国务院地震工作主管部门和省、自治区、直辖市人民政府负责管理地震工作的部门或者机构，负责审定建设工程的地震安全性评价报告，确定抗震设防要求。

国务院地震工作主管部门会同国务院有关部门制定国家地震应急预案，报国务院批准，国务院有关部门根据国家地震应急预案，制定本部门的地震应急预案，报国务院地震工作主管部门备案。国务院或者地震灾区的省、自治区、直辖市人民政府应当及时组织对地震灾害损失进行调查评估，为地震应急救援、灾后过渡性安置和恢复重建提供依据；地震灾害损失调查评估的具体工作，由国务院地震工作主管部门或者地震灾区的省、自治区、直辖市人民政府负责管理地震工作的部门或者机构和财政、建设、民政等有关部门按照国务院的规定承担。

二 防洪法

《中华人民共和国防洪法》于 1997 年通过，自 1998 年 1 月 1 日起施行。该法规定防洪工作实行全面规划、统筹兼顾、预防为主、综合治理、局部利益服从全局利益的原则；防洪工程设施建设，应当纳入国民经济和社会发展计划；防洪费用按照政府投入同受益者合理承担相结合的原则筹集。国家确定的重要江河、湖泊的防洪规划，由国务院水行政主管部门依据该江河、湖泊的流域综合规划，会同有关部门和有关省、自治区、直辖市人民政府编制，报国务院批准；其他江河、河段、湖泊的防洪规划或者区域防洪规划，由县级以上地方人民政府水行政主管部门分别依据流域综合规划、区域综合规划，会同有关部门和有关地区编制，报本级人民政府批准，并报上一级人民政府水行政主管部门备案；跨省、自治区、直辖市的江河、河段、湖泊的防洪规划由有关流域管理机构会同江河、河段、湖泊所在地的省、自治区、直辖市人民政府水行政主管部门、有关主管部门拟定，分别经有关省、自治区、直辖市人民政府审查提出意见后，报国务院水行政主管部门批准。

防治江河洪水，应当蓄泄兼施，充分发挥河道行洪能力和水库、洼淀、湖泊调蓄洪水的功能，加强河道防护，因地制宜地采取定期清淤疏浚等措施，保持行洪畅通；防治江河洪水，应当保护、扩大流域林草植被，涵养水源，加强流域水土保持综合治理。洪泛区、蓄滞洪区和防洪保护区的范围，在防洪规划或者防御洪水方案中划定，并报请省级以上人民政府按照国务院规定的权限批准后予以公告。

国务院设立国家防汛指挥机构，负责领导、组织全国的防汛抗洪工作，其办事机构设在国务院水行政主管部门；在国家确定的重要江河、湖泊可以设立由有关省、自治区、直辖市人民政府和该江河、湖泊的流域管理机构负责人等组成的防汛指挥机构，指挥所管辖范围内的防汛抗洪工作，其办事机构设在流域管理机构。各级人民政府应当采取措施，提高防洪投入的总体水平；江河、湖泊的治理和防洪工程设施的建设和维护所需投资，按照事权和财权相统一的原则，分级负责，由中央和地方财政承担。城市防洪工程设施的建设和维护所需投资，由城市人民政府承担。

三　消防法

《中华人民共和国消防法》于1998年通过，2008年进行了修订。该法规定地方各级人民政府应当将包括消防安全布局、消防站、消防供水、消防通信、消防车通道、消防装备等内容的消防规划纳入城乡规划，并负责组织实施；城乡消防安全布局不符合消防安全要求的，应当调整、完善；公共消防设施、消防装备不足或者不适应实际需要的，应当增建、改建、配置或者进行技术改造。

各级人民政府应当加强消防组织建设，根据经济和社会发展的需要，建立多种形式的消防组织，加强消防技术人才培养，增强火灾预防、扑救和应急救援的能力；县级以上地方人民政府应当按照国家规定建立公安消防队、专职消防队，并按照国家标准配备消防装备，承担火灾扑救工作；乡镇人民政府应当根据当地经济发展和消防工作的需要，建立专职消防队、志愿消防队，承担火灾扑救工作。公安消防队、专职消防队依照国家规定承担重大灾害事故和其他以抢救人员生命为主的应急救援工作；县级以上地方人民政府应当组织有关部门针对本行政区域内的火灾特点制定应急预案，建立应急反应和处置机制，为火灾扑救和应急救援工作提供人员、装备等保障；任何人发现火灾都应当立即报警；任何单位、个人都应当无偿为报警提供便利，不得阻拦报警；人员密集场所发生火灾，该场所的现场工作人员应当立即组织、引导在场人员疏散；任何单位发生火灾，必须立即组织力量扑救；邻近单位应当给予支援；消防队接到火警，必须立即赶赴火灾现场，救助遇险人员，排除险情，扑灭火灾。

第六节 保障特殊群体的合法权益

所谓特殊群体，主要是指妇女、残疾人、未成年人、老年人。由于妇女天然地生理结构原因，体力弱于男性，不适宜从事某些工种，权利易于受到侵害。未成年人身体发育尚未健全，智力发展尚不完善，还处在监护人的监护之中，对他们的权利保护要特殊对待。老年人由于年事已高，身体机能下降，大多不能再从事劳动，行动不便，权利也易于受到侵犯。残疾人某些身体器官功能不健全或者缺失，在社会有机体的交往过程中天然的处于弱势。所以对这些群体的权利保护要区别于一般的保护方法和保护原则，特殊情况特殊对待。目前，对这些特殊群体都有相应的法律规范予以保护。

一 妇女儿童权益保护法

《中华人民共和国妇女儿童权益保护法》于1992年审议通过。该法规定妇女享有与男子同样的政治权利、文化教育权利、劳动和社会保障权益、财产权益、人身权益和婚姻家庭权益，并规定了各级政府组织保障妇女享有上述权益应当采取的措施。妇女有权通过各种途径和形式，管理国家事务，管理经济和文化事业，管理社会事务；制定法律、法规、规章和公共政策，对涉及妇女权益的重大问题，应当听取妇女联合会的意见；妇女和妇女组织有权向各级国家机关提出妇女权益保障方面的意见和建议。学校和有关部门应当执行国家有关规定，保障妇女在入学、升学、毕业分配、授予学位、派出留学等方面享有与男子平等的权利；学校在录取学生时，除特殊专业外，不得以性别为由拒绝录取女性或者提高对女性的录取标准。国家保障妇女享有与男子平等的劳动权利和社会保障权利；各单位在录用职工时，除不适合妇女的工种或者岗位外，不得以性别为由拒绝录用妇女或者提高对妇女的录用标准；各单位在录用女职工时，应当依法与其签订劳动（聘用）合同或者服务协议，劳动（聘用）合同或者服务协议中不得规定限制女职工结婚、生育的内容。国家保障妇女享有与男子平等的财产权利。国家保障妇女享有与男子平等的人身权利，妇女的人身自由和生命健康等不受侵犯。

二　未成年人保护法

《中华人民共和国未成年人保护法》于1991年通过，并于2006年作了修订，是未成年人保护的纲领性文件。未满十八周岁的未成年人不分性别、民族、种族、家庭财产状况、宗教信仰等，依法平等地受到该法的保护，保护未成年人身心健康，保障未成年人的合法权益，保障其享有生存权、发展权、受保护权、参与权等权利，促进未成年人在品德、智力、体质等方面全面发展，培养有理想、有道德、有文化、有纪律的社会主义建设者和接班人，未成年人享有受教育权，国家、社会、学校和家庭尊重和保障未成年人的受教育权。父母或者其他监护人应当创造良好、和睦的家庭环境，依法履行对未成年人的监护职责和抚养义务；禁止对未成年人实施家庭暴力，禁止虐待、遗弃未成年人，禁止溺婴和其他残害婴儿的行为，不得歧视女性未成年人或者有残疾的未成年人。

学校应当全面贯彻国家的教育方针，实施素质教育，提高教育质量，注重培养未成年学生独立思考能力、创新能力和实践能力，促进未成年学生全面发展；学校应当尊重未成年学生受教育的权利，关心、爱护学生，对品行有缺点、学习有困难的学生，应当耐心教育、帮助，不得歧视，不得违反法律和国家规定开除未成年学生。

全社会应当树立尊重、保护、教育未成年人的良好风尚，关心、爱护未成年人；国家鼓励社会团体、企业事业组织以及其他组织和个人，开展多种形式的有利于未成年人健康成长的社会活动；各级人民政府应当保障未成年人受教育的权利，并采取措施保障家庭经济困难的、残疾的和流动人口中的未成年人等接受义务教育。公安机关、人民检察院、人民法院以及司法行政部门，应当依法履行职责，在司法活动中保护未成年人的合法权益；未成年人的合法权益受到侵害，依法向人民法院提起诉讼的，人民法院应当依法及时审理，并适应未成年人生理、心理特点和健康成长的需要，保障未成年人的合法权益；在司法活动中对需要法律援助或者司法救助的未成年人，法律援助机构或者人民法院应当给予帮助，依法为其提供法律援助或者司法救助。

1999 年通过的《中华人民共和国预防未成年人犯罪法》对未成年的保护也有一些规定。该法提出预防未成年人犯罪，要立足于教育和保护，从小抓起，对未成年人的不良行为及时进行预防和矫治；政府有关部门、司法机关、人民团体、有关社会团体、学校、家庭、城市居民委员会、农村村民委员会等各方面共同参与，各负其责，做好预防未成年人犯罪工作，为未成年人身心健康发展创造良好的社会环境。要对未成年人加强理想、道德、法制和爱国主义、集体主义、社会主义教育；对于达到义务教育年龄的未成年人，在进行上述教育的同时，应当进行预防犯罪的教育。未成年人的父母或者其他监护人和学校应当教育未成年人不得有下列不良行为：旷课、夜不归宿；携带管制刀具；打架斗殴、辱骂他人；强行向他人索要财物；偷窃、故意毁坏财物；参与赌博或者变相赌博；观看、收听色情、淫秽的音像制品、读物等；进入法律、法规规定未成年人不适宜进入的营业性歌舞厅等场所；其他严重违背社会公德的不良行为。要求未成年人本人遵守法律、法规及社会公共道德规范，树立自尊、自律、自强意识，增强辨别是非和自我保护的能力，自觉抵制各种不良行为及违法犯罪行为的引诱和侵害。

三　老年人权益保障法

1996 年通过的《中华人民共和国老年人权益保障法》是保障老年人合法权益，发展老年事业，弘扬中华民族敬老、养老的美德的基本法律。

该法规定家庭对老年人负有的不可推卸的赡养和抚养义务，社会对老年人权益有保障义务，同时也规定老年人可以发挥余热，参与社会的发展和建设；该法以基本法律的形式健全对老年人的社会保障制度，逐步改善保障老年人生活、健康以及参与社会发展的条件，实现老有所养、老有所医、老有所为、老有所学、老有所乐。老年人养老主要依靠家庭，家庭成员应当关心和照料老年人；赡养人应当履行对老年人经济上供养、生活上照料和精神上慰藉的义务，照顾老年人的特殊需要。国家建立养老保险制度，保障老年人的基本生活；老年人依法享有的养老金和其他待遇应当得到保障。有关组织必须按时足额支付养老金，不得无故拖欠，不得挪用；国家根据经济发展、人民生活水平提高和职工工资增长的情况增加养老金。国家应当为老年人参与社会主义物质文明和精神文明建设创造条件，根据社会需要和可能，鼓励老年人在自愿和量力的情况下，从事下列活动：对青少年和儿童进行社会主义、爱国主义、集体主义教育和艰苦奋斗等优良传统教育；传授文化和科技知识；提供咨询服务；依法参与科技开发和应用；依法从事经营和生产活动；兴办社会公益事业；参与维护社会治安、协助调解民间纠纷；参加其他社会活动。

4.《中华人民共和国残疾人权益保护法》。1991 年通过的《中华人民共和国残疾人权益保护法》是维护残疾人的合法权益，发展残疾人事业，保障残疾人平等地充分参与社会生活，共享社会物质文化成果的基本法律，保障残疾人在政治、经济、文化、社会和家庭生活等方面享有同其他公民平等的权利。

该法规定国家采取辅助方法和扶持措施，对残疾人给予特别扶助，减轻或者消除残疾影响和外界障碍，保障残疾人权利的实现。各级人民政府应当将残疾人事业纳入国民经济和社会发展计划，经费列入财政预算，统筹规划，加强领导，综合协调，采取措施，使残疾人事业与经济、社会协调发展；同时全社会应当发扬社会主义的人道主义精神，理解、尊重、关心、帮助残疾人，支持残疾人事业。国务院和省、自治区、直辖市人民政府，采取组织措施，协调有关部门做好残疾人事业的工作，具体机构由国务院和省、自治区、直辖市人民政府规定；各级人民政府有关部门，应当密切联系残疾人，听取残疾人的意见，按照各自的职责，做好残疾人工作。全社会应当发扬社会主义的人道主义精神，理解、尊重、关心、帮助残疾人，支持残疾人事业；机关、团体、企业事业组织和城乡基层组织，应当做好所属范围内的残疾人工作；从事残疾人工作的国家工作人员和其他人员，应当履行光荣职责，努力为残疾人服务。中国残疾人联合会及其地方组织，代表残疾人的共同利益，维护残疾人的合法权益，团结教育残疾人，为残疾人服务；残疾人联合会承担政府委托的任务，开展残疾人工作，动员社会力量，发展残疾人事业。

第六章 社会管理相关法律知识

通常意义上的社会管理，主要是指政府和社会组织为促进社会各个组成部分的协调运转，对各个组成部分、各个不同领域以及社会发展的各个环节进行组织、协调、监督和控制的过程。广义上的社会管理是指社会成员组成专门的管理机构对社会的经济、政治和文化事务进行的统筹管理；狭义上的社会管理仅指在特定条件下，由权力部门授权对不能划归已有经济、政治和文化部门管理的公共事务进行的专门管理。社会管理的基本任务包括协调社会关系、规范社会行为、解决社会问题、化解社会矛盾，促进社会公正、应对社会风险、保持社会稳定等方面。

近年来，面对复杂多变的国际国内形势，党和政府一直在强调加强和创新社会管理的重要性。2011 年 2 月 19 日，胡锦涛同志在省部级干部加强和创新社会管理研讨班上指出，要紧紧围绕全面建设小康社会的总目标，牢牢把握最大限度激发社会活力、最大限度增加和谐因素、最大限度减少不和谐因素的总要求，以解决影响社会和谐稳定突出问题为突破口，提高社会管理科学化水平，完善党委领导、政府负责、社会协同、公众参与的社会管理格局，加强社会管理法律、体制、能力建设，建设中国特色社会主义社会管理体系，确保社会既充满活力又和谐稳定。这就要求各级党政机关和行政执法部门，深入研究学习加强和创新社会管理方面的法律法规，依法加强、创新、完善社会管理体制；学习维护国家安全、社会稳定、促进民族团结的法律法规，维护社会政治大局稳定；学习社会治安综合治理、流动人口服务和管理、突发事件应急管理相关的法律法规，促进提高社会管理水平；学习信访、投诉、调解等法律法规，依法化解矛盾纠纷；学习新闻出版、广播影视、文化文艺、网络电信管理等法律法规，促进文化事业和文化产业发展；加强刑事、民事和行政诉讼法律学习，引导公民依照法定程序表达利益诉求；加强公正廉洁执法、公正司法教育、维护社会的公平正义。

第一节　维护社会政治稳定

稳定是发展的前提，是经济社会发展，全面建设小康社会，以及全面推进和谐社会建设的前提。目前我们仍然面对极其复杂的国际国内形势，维护社会政治大局稳定任务艰巨。

我国已经制定了一批维护国家安全、社会稳定、促进民族团结的法律法规。我们必须充分认识到，在现代社会，交通和通讯都十分发达，危害政治大局稳定的因素和事件不再局限于某一地，而是具有全局性和整体性，对此必须高度重视，充分认识到问题的重要性和严肃性，通力协作，相互配合，依法维护社会政治大局稳定。

一　维护国家安全的法律法规

1.《中华人民共和国国家安全法》。这是为了维护国家安全，保卫中华人民共和国人民民主专政的政权和社会主义制度，保障改革开放和社会主义现代化建设顺利进行的一部基本法律。1994 年 5 月国务院发布《中华人民共和国国家安全法实施细则》，对《中华人民共和国国家安全法》中的相关概念、规定作出了解释、补充和完善。

（1）国家安全机关的职权。国家安全机关在国家安全工作中依法行使侦查、拘留、预审和执行逮捕以及法律规定的其他职权。国家安全机关的工作人员依法执行国家安全工作任务时，经出示相应证件，有权查验中国公民或者境外人员的身份证明；向有关组织和人员调查、询问有关情况。国家安全机关的工作人员在依法执行紧急任务的情况下，经出示相应证件，可以优先乘坐公共交通工具，遇交通阻碍时，优先通行。国家安全机关为维护国家安全的需要，必要时，按照国家有关规定，可以优先使用机关、团体、企业事业组织和个人的交通工具、通信工具、场地和建筑物，用后应当及时归还，并支付适当费用；造成损失的，应当赔偿。国家安全机关因侦察危害国家安全行为的需要，根据国家有关规定，经过严格的批准手续，可以采取技术侦察措施。国家安全机关为维护国家安全的需要，可以查验组织和个人的电子通信工具、器材等设备、设施。国家安全机关及其工作人员在国家安全工作中，应当严格依法办事，不得超越职权、滥用职权，不得侵犯组织和个人的合法权益。国家安全机关工作人员依法执行职务受法律保护。

（2）公民和组织维护国家安全的义务和权利。机关、团体和其他组织应当对本单位的人员进行维护国家安全的教育，动员、组织本单位的人员防范、制止危害国家安全的行为。公民和组织应当为国家安全工作提供便利条件或者其他协助。公民发现危害国家安全的行为，应当直接或者通过所在组织及时向国家安全机关或者公安机关报告。在国家安全机关调查了解有关危害国家安全的情况、收集有关证据时，公民和有关组织应当如实提供，不得拒绝。任何公民和组织部应当保守所知悉的国家安全工作的国家秘密。任何个人和组织部不得非法持有属于国家秘密的文件、资料和其他物品。任何个人和组织都不得非法持有、使用窃听、窃照等专用间谍器材。任何公民和组织对国家安全机关及其工作人员超越职权、滥用职权和其他违法行为，都有权向上级国家安全机关或者有关部门检举、控告。

2.《反分裂国家法》。该法是专门针对台独分裂分子所制定，旨在反对和遏制“台独”分裂势力分裂国家，促进祖国和平统一，维护台湾海峡地区和平稳定，维护国家主权和领土完整，维护中华民族的根本利益。世界上只有一个中国，大陆和台湾同属一个中国，中国的主权和领土完整不容分割，维护国家主权和领土完整是包括台湾同胞在内的全中国人民的共同义务；台湾是中国的一部分，国家绝不允许“台独”分裂势力以任何名义、任何方式把台湾从中国分裂出去。台湾事务是中国的内部事务，台湾问题是中国的内战遗留问题。国家采取措施，维护台湾海峡地区和平稳定，发展两岸关系，主张通过台湾海峡两岸有步骤、分阶段进行，灵活多样平等的协商和谈判，实现和平统一。国家主张以和平的方式解决台湾问题，但是“台独”分裂势力以任何名义、任何方式造成台湾从中国分裂出去的事实，或者发生将会导致台湾从中国分裂出去的重大事变，或者和平统一的可能性完全丧失，国家得采取非和平方式及其他必要措施，捍卫国家主权和领土完整。

二　维护国内社会稳定的法律法规

1.《中华人民共和国民族区域自治法》。该法是实施宪法规定的民族区域自治制度的基本法律，规定了民族自治地方的建立和自治机关的组成、自治机关的自治权、民族自治地方的人民法院和人民检察院、民族自治地方内的民族关系等问题，全国各民族区域自治地方可以根据本法制定自治条例和单行条例等，民族区域自治制度是我国处理民族问题的基本制度。

2005年，国务院发布了《国务院实施〈中华人民共和国民族区域自治法〉若干规定》作为《中华人民共和国民族区域自治法》的补充规定。该规定要求各级人民政府应当加强《中华人民共和国民族区域自治法》以及相关法律、法规和民族政策的宣传教育，依法制订具体措施，保护少数民族的合法权益，妥善处理影响民族团结的问题，巩固和发展平等、团结、互助的社会主义民族关系，禁止破坏民族团结和制造民族分裂的行为；各级人民政府应当积极开展促进民族团结进步的各项活动，对为民族团结进步事业作出突出贡献的单位和个人，给予表彰和奖励。上级人民政府及其职能部门在制订经济和社会发展中长期规划时，应当听取民族自治地方和民族工作部门的意见，根据民族自治地方的特点和需要，支持和帮助民族自治地方加强基础设施建设、人力资源开发，扩大对外开放，调整、优化经济结构，合理利用自然资源，加强生态建设和环境保护，加速发展经济、教育、科技、文化、卫生、体育等各项事业，实现全面、协调、可持续发展；国家完善扶持民族贸易、少数民族特需商品和传统手工业品生产发展的优惠政策，在税收、金融和财政政策上，对民族贸易、少数民族特需商品和传统手工业品生产予以照顾，对少数民族特需商品实行定点生产并建立必要的国家储备制度。

2.《中华人民共和国保守国家秘密法》。该法要求一切国家机关、武装力量、政党、社会团体、企业事业单位和公民都担负起保守国家秘密的义务；国家保密行政管理部门负责主管全国的保密工作，县级以上地方各级保密行政管理部门负责主管本行政区域的保密工作；对任何危害国家秘密安全的行为，都必须予以法律追究；各单位应当实行保密工作责任制，健全保密管理制度，完善保密防护措施，开展保密宣传教育，加强保密检查。

3.《国家宗教事务条例》。该条例要求各宗教坚持独立自主自办的原则，宗教团体、宗教活动场所和宗教事务不受外国势力的支配；宗教团体、宗教活动场所、宗教教职人员在友好、平等的基础上开展对外交往；其他组织或者个人在对外经济、文化等合作、交流活动中不得接受附加的宗教条件；宗教团体、宗教活动场所和信教公民应当遵守宪法、法律、法规和规章，维护国家统一、民族团结和社会稳定。

任何组织或者个人不得利用宗教进行破坏社会秩序、损害公民身体健康、妨碍国家教育制度，以及其他损害国家利益、社会公共利益和公民合法权益的活动；跨省、自治区、直辖市举行超过宗教活动场所容纳规模的大型宗教活动，或者在宗教活动场所外举行大型宗教活动，应当由主办的宗教团体、寺观教堂在拟举行日的30日前，向大型宗教活动举办地的省、自治区、直辖市人民政府宗教事务部门提出申请；省、自治区、直辖市人民政府宗教事务部门应当自收到申请之日起 15 日内作出批准或者不予批准的决定；大型宗教活动应当按照批准通知书载明的要求依宗教仪轨进行；主办的宗教团体、寺观教堂应当采取有效措施防止意外事故的发生；大型宗教活动举办地的乡、镇人民政府和县级以上地方人民政府有关部门应当依据各自职责实施必要的管理，保证大型宗教活动安全、有序进行；宗教活动场所应当防范本场所内发生重大事故或者发生违犯宗教禁忌等伤害信教公民宗教感情、破坏民族团结、影响社会稳定的事件。

宗教教职人员径宗教团体认定，报县级以上人民政府宗教事务部门备案，可以从事宗教务活动。

4.《中华人民共和国集会游行示威法》。该法要求公民在行使集会、游行、示威的权利时，必须遵守宪法和法律，不得反对宪法所确定的基本原则，不得损害国家的、社会的、集体的利益和其他公民的合法的自由和权利；集会、游行、示威应当和平地进行，不得携带武器、管制刀具和爆炸物，不得使用暴力或者煽动使用暴力。

申请举行的集会、游行、示威，有下列情形之一的，不予许可：①反对宪法所确定的基本原则的；②危害国家统一、主权和领土完整的；③煽动民族分裂的；④有充分根据认定申请举行的集会、游行、示威将直接危害公共安全或者严重破坏社会秩序的。

举行集会、游行、示威，有下列情形之一的，人民警察应当予以制止：①未依照本法规定申请或者申请未获许可的；②未按照主管机关许可的目的、方式、标语、口号、起止时间、地点、路线进行的；③在进行中出现危害公共安全或者严重破坏社会秩序情况的。有前述所列情形之一，不听制止的，人民警察现场负责人有权命令解散；拒不解散的，人民警察现场负责人有权依照国家有关规定决定采取必要手段强行驱散，并对拒不服从的人员强行带离现场或者立即予以拘留。

第二节　提高社会管理水平

改革开放以来，国家的政治、经济、文化和社会生活发生了翻天覆地的变化。在经济文化繁荣的同时，也出现了许多新的社会问题。为加强社会管理，进一步提高社会管理水平，党中央国务院制定颁布了一系列政策法规。

一　社会治安综合治理

1991 年，为了维护国家长治久安，保障社会主义现代化建设和改革开放顺利进行，《中共中央、国务院关于加强社会治安综合治理的决定》（以下简称《决定》）出台，指出了加强社会治安综合治理的重要性。加强社会治安综合治理是解决我国社会治安问题的根本出路，是保持稳定良好的社会秩序的重要保证，是社会主义精神文明建设的重要组成部分。

《决定》指出社会治安综合治理的任务要求和目标，要在各级党委和政府的统一领导下，各部门协调一致，齐抓共管，依靠广大人民群众，运用政治的、经济的、行政的、法律的、文化的、教育的等多种手段，整治社会治安，打击犯罪和预防犯罪，保障社会稳定，为社会主义现代化建设和改革开放创造良好的社会环境。各级党委和政府都要把综合治理摆上重要议程，健全社会治安综合治理的领导机构和办事机构，定期研究部署工作，各部门、各单位齐抓共管，形成“谁主管、谁负责”的局面，各项措施落实到城乡基层单位，群防群治形成网络，广大群众法制观念普遍增强，敢于同违法犯罪行为作斗争。以社会稳定、重大恶性案件和多发性案件得到控制并逐步有所下降、社会丑恶现象大大减少、治安混乱的地区和单位的面貌彻底改观、治安秩序良好、群众有安全感为目标。

《决定》特别强调了狠抓落实“谁主管谁负责”的原则。要求各部门都要根据社会治安综合治理的任务、要求和工作范围，主动找准自己的位置，明确本部门、本系统的职责，切实承担起共同维护治安的社会责任。

《决定》还强调要努力把社会治安综合治理的措施落实到基层，充分发挥政法部门特别是公安机关在社会治安综合治理中的职能作用。搞好社会治安综合治理，领导是关键。各级党政领导要从思想上、组织上、工作上加强对综合治理的领导，认真组织、协调各部门的工作，解决落实中的问题，保证各项措施落实到基层。政法部门是人民民主专政的重要工具，是惩治违法犯罪，维护社会治安的专门机关。加强社会治安综合治理，对政法部门的要求提高了。政法各部门都要将重心下移，精简上层，充实基层，转变作风，为基层多办实事，大力加强公安派出所、人民法庭、法律服务所等政法基层组织建设。各级人民政府要尽量拿出一些经费，改进政法基层单位的装备，改善他们的工作条件和生活条件。

二 流动人口服务和管理

在改革开放和建立社会主义市场经济体制的新形势下，人口流动特别是农村剩余劳动力跨地区的流动大量增加。这种状况一方面对经济发展和社会进步起到了积极的促进作用；另一方面，也对社会治安、劳动、交通、计划生育等各种管理秩序造成了很大的冲击。虽然各地和有关部门在加强流动人口管理方面做了大量工作，有力地促进了人口的合理有序流动，但是，从总体上看还不能适应形势发展的要求。当前，作为流动人口主体的农村剩余劳动力的流动，在很大程序上仍然处于盲目无序状态。为了维护社会的稳定，保障改革开放和社会主义现代化建设的顺利进行，在全国范围内大加强对流动人口的管理工作，《中央社会治安综合治理委员会关于加强流动人口管理工作的意见》（以下简称《意见》）颁布。

《意见》提出了流动人口管理工作的指导思想和主要任务，加强流动人口管理的主要措施，如加强疏导，促进农村剩余劳动力就地就近转移；加强对农村剩余劳动力跨地区流动就业的调控和管理；实行统一的流动人口就业证和暂住证制度；跨地区就业的中介服务活动由劳动部门管理，从严控制；加强对外来人员落脚点和活动场所的管理；改进和加强收容遣送工作；试办流浪儿童保护教育中心；加强对流动人员尤其是跨地区务工经商人员的服务和管理；严厉打击流窜犯罪；加强流动人口管理方面的立法工作。

《意见》还提出了各个部门在加强流动人口管理中的工作。如公安机关负责对流动人口的户籍管理和治安管理，具体包括：(1) 办理暂住户口登记，签发和查验“暂住证”。(2) 对流动人口中三年内有犯罪记录的和有违法犯罪嫌疑的人员进行重点控制。(3) 对出租房屋、施工工地、路边店、集贸市场、文化娱乐场所等流动人口的落脚点和活动场所进行治安整顿和治安管理。(4) 依法严厉打击流窜犯罪活动，建立健全社会治安防范网络。(5) 协助民政部门开展收容遣送工作。(6) 与有关部门一起疏导“民工潮”。

劳动部门负责对流动就业人员的劳动管理与就业服务，具体包括：(1) 为流动就业人员提供就业信息和职业介绍、就业训练、社会保险等服务。(2) 对单位招用外地人员、个人流动就业进行调控和管理。(3) 办理“外出就业登记卡”和“外来人员就业证”。(4) 对用人单位和职业介绍机构遵守有关法规的情况进行劳动监察，维护劳动力市场秩序。(5) 依法处理用人单位与外来务工经商人员有关的劳动争议。保护双方的合法权益。(6) 负责疏导“民工潮”。

工商行政管理部门负责对外来人员从事个体经营活动的管理，具体包括：(1) 在核发营业执照时，核查“暂住证”、“外来人员就业证”等有关证件。(2) 对集贸市场中的务工经商人员进行管理，配合有关部门落实流动人口管理的各项措施。(3) 对外来个体从业人员进行职业道德和遵纪守法等教育。

党、团组织负责对流动党、团员的管理，具体包括：(1) 原所在党、团组织负责掌握外出党、团员的去向、从业、外出时间等情况，确定联系方式，在集体外出、暂住地点相对集中的党、团员中，按规定建立党、团组织。(2) 暂住所在地党、团组织负责把外来党、团员编入相应的组织，安排参加组织生活，分配做适当工作。(3) 原所在党、团组织和暂住所在地党、团组织要加强联系，密切配合。

另外，民政部门、司法行政部门、计划生育部门、卫生部门、交通部门等对流动人员工作也各司其职，加强对流动人员的管理。

2009 年国务院通过《流动人口计划生育工作条例》。该条例明确了各级政府在流动人口计划生育管理中的职责。国务院人口和计划生育部门负责主管全国流动人口计划生育工作，制定流动人口计划生育工作规划并组织实施；建立流动人口计划生育信息管理系统，实现流动人口户籍所在地和现居住地计划生育信息共享，并与相关部门有关人口的信息管理系统实现信息共享。

三　突发事件应急管理

1.《国家突发公共事件总体应急预案》和《国家自然灾害救助应急预案》。为了提高政府保障公共安全和处置突发公共事件的能力，最大程度地预防和减少突发公共事件及其造成的损害，保障公众的生命财产安全，维护国家安全和社会稳定，促进经济社会全面、协调、可持续发展，2006 年国务院发布了《国家突发公共事件总体应急预案》。该预案将突发公共事件分为四类：(1) 自然灾害，主要包括水旱灾害，气象灾害，地震灾害，地质灾害，海洋灾害，生物灾害和森林草原火灾等；(2) 事故灾难，主要包括工矿商贸等企业的各类安全事故，交通运输事故，公共设施和设备事故，环境污染和生态破坏事件等；(3) 公共卫生事件，主要包括传染病疫情，群体性不明原因疾病，食品安全和职业危害，动物疫情，以及其他严重影响公众健康和生命安全的事件；(4) 社会安全事件，主要包括恐怖袭击事件，经济安全事件和涉外突发事件等。因为我国幅员辽阔，地形地貌复杂，并且横跨多个温度带，自然灾害在突发公共事件中占据了较大的比重，成为需要应对的最主要部分，所以同年国务院又编制了《国家自然灾害救助应急预案》，以建立健全应对突发重大自然灾害紧急救助体系和运行机制，规范紧急救助行为，提高紧急救助能力，迅速、有序、高效地实施紧急救助，最大程度地减少人民群众的生命和财产损失，维护灾区社会稳定。

2.《中华人民共和国突发事件应对法》。2007 年，为了预防和减少突发事件的发生，控制、减轻和消除突发事件引起的严重社会危害，规范突发事件应对活动，保护人民生命财产安全，维护国家安全、公共安全、环境安全和社会秩序，《中华人民共和国突发事件应对法》通过，以制定法的形式对突发公共事件的应对管理作出反应。该法规定国家建立健全突发事件应急预案体系；国务院制定国家突发事件总体应急预案；国务院有关部门根据各自的职责和国务院相关应急预案，制定国家突发事件部门应急预案；地方各级人民政府和县级以上地方各级人民政府有关部门根据有关法律、法规、规章、上级人民政府及其有关部门的应急预案以及本地区的实际情况，制定相应的突发事件应急预案。国务院建立全国统一的突发事件信息系统；县级以上地方各级人民政府应当建立或者确定本地区统一的突发事件信息系统，汇集、储存、分析、传输有关突发事件的信息，并与上级人民政府及其有关部门、下级人民政府及其有关部门、专业机构和监测网点的突发事件信息系统实现互联互通，加强跨部门、跨地区的信息交流与情报合作。突发事件发生后，履行统一领导职责或者组织处置突发事件的人民政府应当针对其性质、特点和危害程度，立即组织有关部门，调动应急救援队伍和社会力量，采取应急处置措施。

3. 其他应急管理的法律法规。国家已经发布多部法律规范公共卫生事件和抗灾减灾，如 2003 年通过的《突发公共事件卫生条例》，要求国务院卫生行政主管部门按照分类指导、快速反应的要求，制定全国突发事件应急预案，报请国务院批准；省、自治区、直辖市人民政府根据全国突发事件应急预案，结合本地实际情况，制定本行政区域的突发事件应急预案。国家建立突发事件应急报告制度。还有《中华人民共和国防洪法》、《中华人民共和国防沙治沙法》、《中华人民共和国气象法》等法律规范，以及《破坏性地震应急条例》、《地震预报管理条例》、《地震安全性评价管理条例》、《地震监测管理条例》、《地质灾害防治条例》、《人工影响天气管理条例》、《防汛条例》、《蓄滞洪区运用补偿暂行办》等行政法规。总体来说，在应对突发事件问题上，依靠我们的制度和体制优势，目前建立了比较完备的法律法规体系，而且面对实际发生的突发事件，也能够做到迅速反应、及时处理，最大限度减少损失，最大限度保护人民群众生命财产安全，这在1998年抗洪、2003年“非典”、2008年汶川地震等重大突发公共事件中已经体现。

第三节　依法化解社会矛盾

近年来，全国群体性事件频发，反映出在经济快速发展的同时也产生了复杂的社会矛盾。这些社会矛盾是我国社会转型期改革发展的客观产物，有着深层次的根源和多方面原因，主要表现在：（1）部分行政机关履行职责不到位，没有依法行政，引起当事人不断上访，造成不稳定隐患。特别是拆迁问题、房屋产权问题、工程规划不合理造成扰民问题等。（2）相关法律、法规滞后或欠缺，当事人的合法权益不能依现有法律法规得到保障。（3）广大人民群众法治和权利意识提高与当下的法制不健全状况之间不相协调。多年的普法工作培养了公民的法治和权利意识，当自己的权益受到损害时，能够意识到通过各种途径维护自己的权益。但是我国目前相关的法律法规并不健全，再加上法律在实施中出现的一些问题，使群众在遇到权益受损害的情形时，不愿通过法律途径解决，而是选择上访或组织群体性静坐、闹事等过激行为，使得群体性事件呈增多趋势。（4）地方政府在某些领域制定的政策不能坚决予以执行，变动频繁，造成部分群众不满，引发矛盾纠纷。突出表现在征地拆迁及安置补偿中标准不一，制定的方案不能一如始终地贯彻执行，以及在企业改制过程中引发劳动保障争议。

在加快社会主义法治建设的进程中，对上述社会矛盾的化解，必须纳入到社会主义法治的轨道。虽然我国社会主义法律体系已经形成，但是，由于我国过去法制基础薄弱，目前的法治状态还不能完全满足市场经济发展的要求。为此，深化立法、执法、司法制度的改革，强化法制建设，进一步加快普法宣传仍是当务之急。

目前，除了民法、刑法、诉讼法等在社会生活中占主体地位的法律法规之外，专门针对矛盾纠纷解决而制定的法律法规主要有《信访条例》和《中华人民共和国人民调解法》。

一　信访条例

2005 年，国务院颁布的《信访条例》，规定了信访的渠道，信访事项的提出方式、信访事项的受理制度、信访事项的办理和督办制度等。

1. 信访的渠道。各级人民政府、县级以上人民政府工作部门应当向社会公布信访工作机构的通信地址、电子信箱、投诉电话、信访接待的时间和地点、查询信访事项处理进展及结果的方式等相关事项。各级人民政府、县级以上人民政府工作部门应当在其信访接待场所或者网站公布与信访工作有关的法律、法规、规章，信访事项的处理程序，以及其他为信访人提供便利的相关事项。国家信访工作机构充分利用现有政务信息网络资源，建立全国信访信息系统，为信访人在当地提出信访事项、查询信访事项办理情况提供便利。县级以上地方人民政府应当充分利用现有政务信息网络资源，建立或者确定本行政区域的信访信息系统，并与上级人民政府、政府有关部门、下级人民政府的信访信息系统实现互联互通。

2. 信访事项的提出方式。信访人提出信访事项，一般应当采用书信、电子邮件、传真等书面形式；信访人提出投诉请求的，还应当载明信访人的姓名（名称）、住址和请求、事实、理由。有关机关对采用口头形式提出的投诉请求，应当记录信访人的姓名（名称）、住址和请求、事实、理由。信访人采用走访形式提出信访事项的，应当到有关机关设立或者指定的接待场所提出。多人采用走访形式提出共同的信访事项的，应当推选代表，代表人数不得超过5人。

3. 信访事项的受理。县级以上人民政府信访工作机构收到信访事项，应当予以登记，并区分情况，在15日内分别按下列方式处理：（1）对《信访条例》第十五条规定的信访事项，应当告知信访人分别向有关的人民代表大会及其常务委员会、人民法院、人民检察院提出。对已经或者依法应当通过诉讼、仲裁、行政复议等法定途径解决的，不予受理，但应当告知信访人依照有关法律、行政法规规定程序向有关机关提出。（2）对依照法定职责属于本级人民政府或者其工作部门处理决定的信访事项，应当转送有权处理的行政机关；情况重大、紧急的，应当及时提出建议，报请本级人民政府决定。（3）信访事项涉及下级行政机关或者其工作人员的，按照“属地管理、分级负责，谁主管、谁负责”的原则，直接转送有权处理的行政机关，并抄送下一级人民政府信访工作机构；县级以上人民政府信访工作机构要定期向下一级人民政府信访工作机构通报转送情况，下级人民政府信访工作机构要定期向上一级人民政府信访工作机构报告转送信访事项的办理情况。（4）对转送信访事项中的重要情况需要反馈办理结果的，可以直接交由有权处理的行政机关办理，要求其在指定办理期限内反馈结果，提交办结报告。

4. 信访事项的办理和督办。行政机关及其工作人员办理信访事项，应当恪尽职守、秉公办事，查明事实、分清责任，宣传法制、教育疏导，及时妥善处理，不得推诿、敷衍、拖延。信访人反映的情况，提出的建议、意见，有利于行政机关改进工作、促进国民经济和社会发展的，有关行政机关应当认真研究论证并积极采纳。对信访事项有权处理的行政机关办理信访事项，应当听取信访人陈述事实和理由；必要时可以要求信访人、有关组织和人员说明情况；需要进一步核实有关情况的，可以向其他组织和人员调查。对重大、复杂、疑难的信访事项，可以举行听证。听证应当公开举行，通过质询、辩论、评议、合议等方式，查明事实，分清责任。听证范围、主持人、参加人、程序等由省、自治区、直辖市人民政府规定。

县级以上人民政府信访工作机构发现有关行政机关有下列情形之一的，应当及时督办，并提出改进建议：（1）无正当理由未按规定的办理期限办结信访事项的；（2）未按规定反馈信访事项办理结果的；（3）未按规定程序办理信访事项的；（4）办理信访事项推诿、敷衍、拖延的；（5）不执行信访处理意见的；（6）其他需要督办的情形。

二　人民调解法

2010 年 8 月 28 日《中华人民共和国人民调解法》通过，该法是在先前《人民调解委员会组织条例》的基础上发展而来，完善了人民调解组织形式，规定村民委员会和城市居民委员会的人民调解委员会是人民调解工作的组织基础，明确了人民调解委员会是依法设立的调解民间纠纷的群众性组织。

1. 规范了村民委员会、居民委员会、企业事业单位的人民调解委员会的设立、组成和推选程序。《人民调解法》第八条规定：村民委员会、居民委员会设立人民调解委员会。企业事业单位根据需要设立人民调解委员会。人民调解委员会由委员 3 至 9 人组成，设主任 1 人，必要时，可以设副主任若干人。村民委员会、居民委员会的人民调解委员会委员由村民会议或者村民代表会议、居民会议推选产生；企业事业单位设立的人民调解委员会委员由职工大会、职工代表大会或者工会组织推选产生。人民调解委员会委员每届任期 3 年，可以连选连任。扩大了人民调解组织的范围。《人民调解法》第三十四条规定：乡镇、街道以及社会团体或者其他组织根据需要可以参照本法有关规定设立人民调解委员会，调解民间纠纷。

2. 明确了人民调解员的范围、条件、行为规范和保障。《人民调解法》第十三条规定：人民调解员由人民调解委员会委员和人民调解委员会聘任的人员担任。人民调解员应当由公道正派、热心人民调解工作，并具有一定文化水平、政策水平和法律知识的成年公民担任。县级人民政府司法行政部门应当定期对人民调解员进行业务培训。《人民调解法》第十五条规定：人民调解员在调解工作中有偏袒一方当事人的、侮辱当事人的、索取、收取财物或者取得其他不正当利益的以及泄露当事人的个人隐私、商业秘密的行为之一的，由其所在的人民调解委员会给予批评教育、责令改正，情节严重的，由推选或者聘任单位予以罢免或者解聘。

3. 规范了人民调解程序。《人民调解法》第十七条规定：当事人自愿通过人民调解方式解决民间纠纷的，应当共同向人民调解委员会提出申请；一方当事人申请调解的，人民调解委员会应当在征得对方当事人同意后进行调解。当事人没有申请的，人民调解委员会也可以主动调解，但是，各方或者一方当事人拒绝调解的除外。规定了调解员的选择和调解的方法步骤。《人民调解法》第十九条规定：人民调解委员会根据调解纠纷的需要，可以指定一名或者数名人民调解员进行调解，也可以由当事人自主选择一名或者数名人民调解员进行调解。人民调解员根据调解纠纷的需要，在征得当事人的同意后，可以邀请当事人的亲属、邻里、同事参与调解，也可以邀请具有专门知识、特定经验的人员或者有关社会组织的人员参与调解。人民调解员调解民间纠纷，应当坚持原则，明法析理，主持公道。调解民间纠纷，应当及时、就地进行，防治矛盾激化。人民调解员主持调解民间纠纷应当告知当事人调解规则；请当事人陈述纠纷事实；向当事人宣讲有关法律、法规和国家政策；在当事人平等协商、互谅互让的基础上提出纠纷解决方案，帮助当事人自愿达成调解协议。《人民调解法》第二十三条规定，当事人在人民调解活动中享有下列权利：接受或者选择人民调解员；接受调解、拒绝调解或者要求终止调解；要求调解公开进行或者不公开进行；自主表达意愿、自愿达成调解协议。当事人在人民调解活动中履行下列义务：如实陈述纠纷事实；遵守调解现场秩序，尊重人民调解员；尊重对方当事人行使权利。

4. 确立了人民调解与其他纠纷解决方式之间的衔接机制。《人民调解法》第十八条规定了人民调解与司法纠纷解决机制的衔接制度，规定：基层人民法院、公安机关对适宜通过人民调解方式解决的纠纷，可以在受理前告知当事人向人民调解委员会申请调解。经人民调解委员会调解达成协议后，当事人可以自调解协议生效之日起三十日内共同向人民法院申请司法确认。人民法院应当及时对调解协议进行审查，依法确认调解协议的效力。人民法院依法确认调解协议无效的，当事人可以通过人民调解方式变更原调解协议或者达成新的调解协议，也可以向人民法院提起诉讼。经人民法院依法确认有效的调解协议，一方当事人拒绝履行或者未全部履行的，对方当事人可以向人民法院申请强制执行。

5. 明确了人民调解协议的形式、效力和执行。《人民调解法》第二十八条规定：经人民调解委员会调解达成调解协议的，可以制作调解协议书。当事人认为无需制作调解协议书的，可以采取口头协议方式，人民调解员应当记录协议内容。第三十一条规定：经人民调解委员会调解达成的调解协议，具有法律约束力，当事人应当按照约定履行。第三十三条规定：经人民调解委员会调解达成调解协议后，双方当事人认为有必要的，可以自调解协议生效之日起三十日内共同向人民法院申请司法确认，人民法院应当及时对调解协议进行审查，依法确认调解协议的效力。人民法院依法确认调解协议有效，一方当事人拒绝履行或者未全部履行的，对方当事人可以向人民法院申请强制执行。人民法院依法确认调解协议无效的，当事人可以通过人民调解方式变更原调解协议或者达成新的调解协议，也可以向人民法院提起诉讼。

第四节　促进文化事业和产业发展

文化事业和文化产业是社会主义建设事业的重要组成部分，并在社会主义建设事业中发挥着重要的作用。大力发展文化事业和文化产业，可以活跃和繁荣文化市场，满足群众多层次、多方面的精神文化需求，还可以为国家创造更多的物质财富，反过来使国家有更多的物力和财力用以支持国家文化大发展。

文化事业和文化产业的相关政策法规有利于促进文化事业和文化产业发展，是促进文化事业繁荣的基本条件之一。党和政府不但要制定和完善相关政策法规来规划引导文化事业和文化产业的发展，给文化发展提供政策支持，而且要从培育产业的角度，加强规划引导，提供政策建议，明确政策导向；同时加强对外国文化事业和产业发展现状和经验的研究，加强对于文化发展规律的研究，积极进行政策创新，充分利用财政、金融、行政、立法等手段来调控文化的发展方向，实现对文化产业中不同行业发展的调控。

改革开放以来，我国的新闻出版、广播影视、文化文艺、网络电信事业快速发展。这一方面因为改革开放以来国家的文化事业和文化产业发展政策创造的良好文化发展环境，另一方面是国家制定相关的法律法规规范文化事业和文化产业的发展。但是在文化事业和文化产业方面尚没有专门的“新闻法”、“出版法”、“广播法”、“电影法”、“网络法”等。以下介绍几种主要的文化事业和文化产业的法律法规。

一　有关新闻出版的法律法规

在规范新闻出版的法律法规中，最具代表性的是《出版管理条例》。《出版管理条例》规定国务院出版行政主管部门负责全国的出版活动的监督管理工作；国务院其他有关部门按照国务院规定的职责分工，负责有关的出版活动的监督管理工作；县级以上地方各级人民政府负责出版管理的部门负责本行政区域内出版活动的监督管理工作；县级以上地方各级人民政府其他有关部门在各自的职责范围内，负责有关的出版活动的监督管理工作。报纸、期刊、图书、音像制品和电子出版物等应当由出版单位出版；法人出版报纸、期刊，不设立报社、期刊社的，其设立的报纸编辑部、期刊编辑部视为出版单位。

国务院出版行政主管部门制定全国出版单位总量、结构、布局的规划，指导、协调出版产业和出版事业发展。公民可以依照该条例的规定，在出版物上自由表达自己对国家事务、经济和文化事业、社会事务的见解和意愿，自由发表自己从事科学研究、文学艺术创作和其他文化活动的成果，合法的出版物受法律保护，任何组织和个人不得非法干扰、阻止、破坏出版物的出版。出版物必须按照国家的有关规定载明作者、出版者、印刷者或者复制者、发行者的名称、地址，书号、刊号或者版号，在版编目数据，出版日期、刊期以及其他有关事项；出版物的规格、开本、版式、装帧、校对等必须符合国家标准和规范要求，保证出版物的质量；出版物使用语言文字必须符合国家法律规定和有关标准、规范。

从事出版物印刷或者复制业务的单位，应当向所在地省、自治区、直辖市人民政府出版行政主管部门提出申请，经审核许可，并依照国家有关规定到工商行政管理部门办理相关手续后，方可从事出版物的印刷或者复制；未经许可并办理相关手续的，不得印刷报纸、期刊、图书，不得复制音像制品、电子出版物。

出版物进口业务，由依照该条例设立的出版物进口经营单位经营；其他单位和个人不得从事出版物进口业务。出版行政主管部门应当加强对本行政区域内出版单位出版活动的日常监督管理；出版单位的主办单位及其主管机关对所属出版单位出版活动负有直接管理责任，并应当配合出版行政主管部门督促所属出版单位执行各项管理规定；出版单位和出版物进口经营单位应当按照国务院出版行政主管部门的规定，将从事出版活动和出版物进口活动的情况向出版行政主管部门提出书面报告。

二　广播影视的法律法规

广播影视业的发展也比较迅速，相关的规定有数十部，比较典型的包括《电影管理条例》、《广播电视管理条例》和《音像制品管理条例》等。

1.《电影管理条例》。该条例是国务院于2001年公布的，用于加强对电影行业的管理，发展和繁荣电影事业，满足人民群众文化生活需要，促进社会主义物质文明和精神文明建设。该条例是电影行业管理的纲领性文件，规定了电影的制片、电影审查、电影进口出口、电影发行和放映以及电影事业的保障等。

国家对电影摄制、进口、出口、发行、放映和电影片公映实行许可制度。未经许可，任何单位和个人不得从事电影片的摄制、进口、发行、放映活动，不得进口、出口、发行、放映未取得许可证的电影片。规定设立电影制片单位，应当具备下列条件：（1）有电影制片单位的名称、章程；（2）有符合国务院广播电影电视行政部门认定的主办单位及其主管机关；（3）有确定的业务范围；（4）有适应业务范围需要的组织机构和专业人员；（5）有适应业务范围需要的资金、场所和设备；（6）法律、行政法规规定的其他条件。审批设立电影制片单位，除依照前款所列条件外，还应当符合国务院广播电影电视行政部门制定的电影制片单位总量、布局和结构的规划。

国家的电影审查制度。未经国务院广播电影电视行政部门的电影审查机构审查通过的电影片，不得发行、放映、进口、出口。对于进口供公映的电影片，进口前应当报送电影审查机构审查。报送电影审查机构审查的电影片，由指定的电影进口经营单位持国务院广播电影电视行政部门的临时进口批准文件到海关办理电影片临时进口手续；临时进口的电影片经电影审查机构审查合格并发给《电影片公映许可证》和进口批准文件后，由电影进口经营单位持进口批准文件到海关办理进口手续。

设立电影发行单位、电影放映单位，应当具备下列条件：（1）有电影发行单位、电影放映单位的名称、章程；（2）有确定的业务范围；（3）有适应业务范围需要的组织机构和专业人员；（4）有适应业务范围需要的资金、场所和设备；（5）法律、行政法规规定的其他条件。

国家建立和完善适应社会主义市场经济体制的电影管理体制，发展电影事业。国家保障电影创作自由，重视和培养电影专业人才，重视和加强电影理论研究，繁荣电影创作，提高电影质量。国家建立电影事业发展专项资金，并采取其他优惠措施，支持电影事业的发展。电影事业发展专项资金缴纳单位应当按照国家有关规定履行缴纳义务。电影事业发展专项资金扶持、资助下列项目：（1）国家倡导并确认的重点电影片的摄制和优秀电影剧本的征集；（2）重点制片基地的技术改造；（3）电影院的改造和放映设施的技术改造；（4）少数民族地区、边远贫困地区和农村地区的电影事业的发展；（5）需要资助的其他项目。国家鼓励、扶持科学教育片、纪录片、美术片及儿童电影片的制片、发行和放映。

2.《广播电视管理条例》。该条例于1997年通过。该条例规定国务院广播电视行政部门负责制定全国广播电台、电视台的设立规划，确定广播电台、电视台的总量、布局和结构。设立广播电台、电视台，应当具备下列条件：有符合国家规定的广播电视专业人员；有符合国家规定的广播电视技术设备；有必要的基本建设资金和稳定的资金保障；有必要的场所。国务院广播电视行政部门应当对全国广播电视传输覆盖网按照国家的统一标准实行统一规划，并实行分级建设和开发。县级以上地方人民政府广播电视行政部门应当按照国家有关规定，组建和管理本行政区域内的广播电视传输覆盖网；组建广播电视传输覆盖网，包括充分利用国家现有的公用通信等各种网络资源，应当确保广播电视节目传输质量和畅通。

广播电台、电视台应当按照国务院广播电视行政部门批准的节目设置范围开办节目；广播电视节目由广播电台、电视台和省级以上人民政府广播电视行政部门批准设立的广播电视节目制作经营单位制作；广播电台、电视台不得播放未取得广播电视节目制作经营许可的单位制作的广播电视节目。用于广播电台、电视台播放的境外电影、电视剧，必须经国务院广播电视行政部门审查批准；用于广播电台、电视台播放的境外其他广播电视节目，必须经国务院广播电视行政部门或者其授权的机构审查批准；向境外提供的广播电视节目，应当按照国家有关规定向省级以上人民政府广播电视行政部门备案。

3.《音像制品管理条例》。该条例于2001年通过，规定国务院出版行政主管部门负责全国音像制品的出版、制作、复制、进口、批发、零售和出租的监督管理工作；国务院其他有关行政部门按照国务院规定的职责分工，负责有关的音像制品经营活动的监督管理工作；县级以上地方人民政府负责出版管理的行政主管部门负责本行政区域内音像制品的出版、制作、复制、进口、批发、零售和出租的监督管理工作；县级以上地方人民政府其他有关行政部门在各自的职责范围内负责有关的音像制品经营活动的监督管理工作。

设立音像出版单位，应当具备下列条件：有音像出版单位的名称、章程；有符合国务院出版行政主管部门认定的主办单位及其主管机关；有确定的业务范围；有适应业务范围需要的组织机构和符合国家规定的资格条件的音像出版专业人员；有适应业务范围需要的资金、设备和工作场所；法律、行政法规规定的其他条件。设立音像复制单位应当具备下列条件：有音像复制单位的名称、章程；有确定的业务范围；有适应业务范围需要的组织机构和人员；有适应业务范围需要的资金、设备和复制场所；法律、行政法规规定的其他条件。

音像制品成品进口业务由国务院出版行政主管部门批准的音像制品成品进口经营单位经营；未经批准，任何单位或者个人不得经营音像制品成品进口业务。进口用于出版的音像制品，以及进口用于批发、零售、出租等的音像制品成品，应当报国务院出版行政主管部门进行内容审查。

设立音像制品批发、零售单位，应当具备下列条件：有音像制品批发、零售单位的名称、章程；有确定的业务范围；有适应业务范围需要的组织机构和人员；有适应业务范围需要的资金和场所；法律、行政法规规定的其他条件。

三　网络管理的相关法规

现在中国有数亿网民，数量居世界第一，如何依法加强网络管理，确保网络安全，是亟需解决的重大课题。我国现有的法规主要有：

1.《信息网络传播保护条例》。为了保护著作权人、表演者、录音录像制作者的信息网络传播权，鼓励有益于社会主义精神文明、物质文明建设的作品的创作和传播，该条例于 2006 年 5 月 10 日通过。该条例规定，未经权利人许可，任何组织或者个人不得故意删除或者改变通过信息网络向公众提供的作品、表演、录音录像制品的权利管理电子信息，但由于技术上的原因无法避免删除或者改变的除外；不得故意通过信息网络向公众提供明知或者应知未经权利人许可被删除或者改变权利管理电子信息的作品、表演、录音录像制品。下列情形可以不经著作权人许可，不向其支付报酬：（1）为介绍、评论某一作品或者说明某一问题，在向公众提供的作品中适当引用已经发表的作品；（2）为报道时事新闻，在向公众提供的作品中不可避免地再现或者引用已经发表的作品；（3）为学校课堂教学或者科学研究，向少数教学、科研人员提供少量已经发表的作品；（4）国家机关为执行公务，在合理范围内向公众提供已经发表的作品；（5）将中国公民、法人或者其他组织已经发表的、以汉语言文字创作的作品翻译成的少数民族语言文字作品，向中国境内少数民族提供；（6）不以营利为目的，以盲人能够感知的独特方式向盲人提供已经发表的文字作品；（7）向公众提供在信息网络上已经发表的关于政治、经济问题的时事性文章；（8）向公众提供在公众集会上发表的讲话。

2.《互联网著作权行政保护办法》。该办法规定著作权人发现互联网传播的内容侵犯其著作权，向互联网信息服务提供者或者其委托的其他机构发出通知后，互联网信息服务提供者应当立即采取措施移除相关内容，并保留著作权人的通知 6 个月；同时规定互联网信息服务提供者根据著作权人的通知移除相关内容的，互联网内容提供者可以向互联网信息服务提供者和著作权人一并发出说明被移除内容不侵犯著作权的反通知。该通知发出后，互联网信息服务提供者即可恢复被移除的内容，且对该恢复行为不承担行政法律责任。《互联网著作权行政保护办法》规定了著作权人的通知应当包含的内容：（1）涉嫌侵权内容所侵犯的著作权权属证明；（2）明确的身份证明、住址、联系方式；（3）涉嫌侵权内容在信息网络上的位置；（4）侵犯著作权的相关证据；（5）通知内容的真实性声明。互联网内容提供者的反通知应当包含以下内容：（1）明确的身份证明、住址、联系方式；（2）被移除内容的合法性证明；（3）被移除内容在互联网上的位置；（4）反通知内容的真实性声明。

第七章　加强反腐倡廉法制教育

改革开放以来，随着经济不断发展和物质生活逐渐改善，一些党员干部的人生观、价值观发生了变化，公仆意识丧失，享乐主义滋生。于是贪污腐化、行贿受贿不断出现，引起了广大人民群众的不满。我国反腐倡廉的形势十分严峻。党风问题关系到执政党的生死存亡，反腐倡廉要首先从领导干部和公务员抓起。

第一节　加大廉政教育力度

廉政教育是我国惩治和预防腐败工作体系中的重要一环，也是预防腐败现象产生的源头性工作。贯彻为民、务实、清廉的要求，在全党深入开展党性党风党纪教育，应当把廉政教育列入干部教育培训规划，有针对性地开展示范教育、警示教育、岗位廉政教育，改进教育方式，提高教育实效。加强廉政教育，让广大党员干部树立廉洁为民的思想观念，是反腐倡廉的重要途径。

一　培育构建廉政价值观

构建廉政价值观，首先要加强理想信念教育。党的理想信念教育主要是指马列主义、毛泽东思想和邓小平理论的教育，以及有中国特色社会主义、共产主义、爱国主义和科学的世界观、人生观、价值观的教育，共产党人的政治信念是马克思主义和共产主义，政治理想是建设有中国特色的社会主义，并最终实现共产主义的社会制度。

如果党员干部始终能够坚持正确的理想信念，就能够从根本上远离享乐主义人生观的消极影响，拒绝腐败堕落的生活方式，保持与人民群众的血肉联系，自觉战胜各种诱惑，全心全意为人民谋福利。

坚定正确的理想信念，在面对与广大人民群众息息相关的民生问题时，就会自觉地将人民群众的利益放在第一位，而不是为自己谋私利；就能够增加拒腐防变的能力，始终摆正自己的位置，甘做为人民服务、为人民着想的公仆。

加强教育是反腐倡廉的基础性工作，要加强对党员干部的教育和监督，引导党员干部坚持以人为本，执政为民，树立崇尚廉政、鄙弃贪腐的价值理念。廉政价值观的培育及构建十分重要，不仅是反腐本身的问题，而且关系到社会主义核心价值体系建设。加强廉政价值观教育，要通过科学引导，促进廉政意识从自发逐步到自觉，引导党员干部树立正确的思维方法，增强对廉洁与腐败的判断与选择。加强廉政价值观教育还要注重制度建设。廉政制度是廉政价值观的制度化形态，应把廉政制度建设与培育廉政价值观紧密结合起来，形成有利于党员干部坚定理想信念，弘扬优良作风，增强廉洁意识和树立正确的世界观、人生观、事业观的拒腐防变教育长效机制。

二　加强党的优良传统和作风建设

《中国共产党党员领导干部廉洁从政若干准则》规定必须弘扬党的优良作风，求真务实，艰苦奋斗，密切联系群众。党的三大优良作风是指理论与实际相结合的作风、密切联系群众的作风以及批评与自我批评的作风。理论与实际相结合的作风，就是把马克思列宁主义的基本原理同中国革命的具体实践相结合，从实际出发，实事求是。密切联系群众的作风，就是党的各级组织和党员干部要和党内外的群众结合在一起，密切党和人民群众的关系，一切为了群众，一刻也不脱离群众。批评与自我批评的作风，就是正确处理和有效地解决党内矛盾，克服缺点，纠正错误。

加强党的作风建设是反腐倡廉建设的重要基础。保持党的执政地位，要求全党上下共同努力，与时俱进，自觉地同各种有害于党的执政地位的不利因素作斗争，并且随着具体环境条件的变化而调整和改善斗争的方向和方式。改革开放以来，在加快经济建设的同时，积极开展党风廉政建设和反腐倡廉工作，取得一系列重大成果，严惩了一批腐败分子，也教育和挽救了一批党员干部。近几年破获的贪污腐败案件表明，少数丢失了理想信念的干部，更加漠视人民群众的利益，更加贪婪地腐蚀我们的国家和政权，反腐工作依然很艰巨。我们要继续发扬和提倡党的优良传统和作风，求真务实，艰苦奋斗，密切联系群众，使广大党员干部认清腐败、拒绝腐败、反对腐败。放松了世界观的改造，背弃了理想信念，放弃了党的优良传统和作风，是一些党员干部堕落为腐败分子的根本原因。这些腐败分子在平时的日常工作中放松了理论学习和党性修养，思想道德滑坡，革命意志衰退，理想信念动摇，这是党员干部应当警惕的。加强党的作风建设，求真务实、艰苦奋斗、密切联系群众，是反腐倡廉的重要思想基础。通过加强党的作风建设，开展各种教育活动，在党员干部思想意识当中建立一道拒腐防变的思想道德防线，从而使党员干部牢固树立马克思主义的世界观、人生观和价值观。

第二节　强化廉政法制文化建设

反腐倡廉是全世界每一个国家和政府在任何时期都高度重视的问题，它关系到一个政权和民族的生死存亡。在我国，建立和健全社会主义法制是反腐倡廉最关键、最可依靠的有力工具。但是目前我们有关反腐倡廉的法制建设仍然有待加强，逐步建立一套完善有效的廉政法律体系，对于公民法制意识的培养，对于依法预防和打击腐败，对于我国社会主义现代化建设，都有着重大的意义。通过不断健全法制建设，尤其是健全针对党员干部的廉洁从政的法律法规，可以有力打击各种腐败行为和腐败分子，起到防范腐败现象产生的作用，提高全党的执政能力。同时社会主义法制建设也需要反腐倡廉工作提供健康的公务员执法队伍，提供广大人民群众对党和国家工作的信任和配合。因此，反腐倡廉与法制建设之间的关系密不可分。

一　切实推进权力的法制化

腐败总是因为权力而出现的，权力的不正确行使导致腐败行为的出现，所以加强反腐倡廉法制文化建设，必须推进权力的法制化建设。第一，要将权力的分配法制化。哪些机关，哪些人应当获得权力，获得什么样的权力，通过甚么样的程序获得权力，都需要有确定的法律规范，依法分配，这就涉及到国家机关的组织立法，国家官员的选举和任命立法、人大代表的选举和权力立法等。我国目前的腐败现象，有相当比例是和权力的不当获得有关的，诸如金钱和权力交换的“买官卖官”，人情和权力交换的“跑官要官”等。第二，要将权力的行使法制化。相较于权力的分配，权力的行使过程中出现腐败的可能性更大，权力分配过程究其本质也是某个权力行使的过程，所以可以说腐败基本上都是在权力行使过程中出现的，要想实现权力行使的法制化，首先权力主体要树立良好的法律意识，自觉依法办事而不是依情办事。其次权力主体所行使的权力本身要法制化，这个权力主体享有哪些权力应当由法律来具体规定，权利主体在行使权力的时候也必须严格依照法律规定的权力的内容和种类行使，不能滥用权力，不能超越权力。第三，要将权力行使的过程法制化，权力主体在自觉依法行使特定内容权力的同时，还要遵循法定的程序进行，如果不遵守法定的程序，滥用权力的行为必然有机可乘，贪污腐败等违法行为也就接踵而来了。第四，要将权力的监督法制化。权力监督是防止权力滥用的有效手段，没有监督的权力必然是失去控制的权力，失去控制的权力必然带来权力滥用，权力滥用必然带来腐败。要有效行使权力监督，要将权力监督的主体，权力监督的对象，权力监督的内容都法制化，使监督依法进行。

二　推进廉政法制文化建设的举措

首先，推进法制文化建设，建立健全的社会主义廉政法律体系是核心。我们现有的廉政法律法规还有许多不能适应现实需要的地方，要对其进行完善尚需要一个较长的历史时期，同时，随着经济社会的发展，贪腐犯罪的形式也在发生变化，反腐斗争也随之不断变化和调整，为适应这种种变化，相应的法律法规也要不断修改不断推陈出新。深化改革中制定的，已经被实践证明是行之有效的预防和惩治腐败的各项规章制度，将其提升为法规，使之更具有权威性、统一性和强制性。用发展创新的观点，针对出现的新情况、新问题，从实际出发，借鉴国外法制建设的有益经验，总结国内一些地方创造出的有效做法，认真探讨和及时制定适应新形势发展的法制规范，不断完善预防和惩治腐败的法律法规体系。

其次，推进法治文化建设，建立健全的法律监督体制是关键。有法可依是前提，但是如果所制定的法律不能得到有效贯彻实施，再好的法律规定也只能是一纸空文，再健全的制度体系也只能是一个摆设，不能起到良好的效果。只有将制定的良好的法律真正落实到实处，做到违法必究，才能真正贯彻好指定的各项廉政法律。且法律监督体系必须有一套完整的监督程序和一个职能健全、功能强大的执法监察组织作为支撑，否则就会陷入另一种新型腐败的泥沼。特别是要加强对领导干部和关键岗位的监督管理，保证权力的正确行使。在实践中，要严格规范领导干部的社会活动，杜绝权钱交易；要防止权力的集中和滥用；加大对领导干部的交流轮岗，尽量避免产生错综复杂的关系网；充分发挥法纪、人大、政协、审计、舆论、公众对领导干部的监督作用，内外监督双管齐下。

再次，进行法制文化建设，做好法制宣传是保障。法制宣传工作要由全社会来抓，各级政府、监察、宣传、文化部门和新闻单位应各负其责、齐抓共管，使法制宣传通过电视、报刊、课堂，进乡村、进社区、进家庭，使全社会树立遵纪守法的观念，大力营造“守法光荣，违法可耻”的良好氛围，从而让这些廉政法律为广大党员干部所周知，使每一个干部、每一个党员、每一个群众以及相关的舆论监督单位都了解廉政法律，做到法律普及，这样才能形成一种遵法守法、全民动员的环境，不给腐败现象以生存的土壤和空间，这样腐败现象就会渐趋减少。从而从根本上杜绝腐败现象的产生和蔓延。

第三节　落实廉政法律法规

从法律总体层面上反腐倡廉法律是体现统治阶级意志，由国家立法机关依照法定程序制定，由国家强制力保证实施的行为规则体系。目前我国已经基本建成了中国特色社会主义法律体系，完善的社会主义法律体系，代表着全体人民的根本利益和长远利益，集中反映中国共产党的政策和主张，维护社会主义制度，保障社会主义民主，也有助于反腐倡廉建设，我们要充分利用法律这个有力武器，有效预防和惩治腐败。

我们应通过具体法律规定规范公务人员特别是领导干部的行为，使相关法律在反腐倡廉中发挥作用。目前我国有多部关于公务人员行为规则的法律法规以及政策规定。

一　公务员法

为了规范公务员的管理，保障公务员的合法权益，加强对公务员的监督，建设高素质的公务员队伍，促进勤政廉政，提高工作效能，《中华人民共和国公务员法》于 2005 年 4 月通过。该法是公务员队伍组织管理的基本法律，规定了公务员的职务与级别、录用、考核、职务任免、职务升降等事项，尤其是规定了公务员的义务与权利。

该法第十二条规定了公务员应当履行的义务：（1）模范遵守宪法和法律；（2）按照规定的权限和程序认真履行职责，努力提高工作效率；（3）全心全意为人民服务，接受人民监督；（4）维护国家的安全、荣誉和利益；（5）忠于职守，勤勉尽责，服从和执行上级依法作出的决定和命令；（6）保守国家秘密和工作秘密；（7）遵守纪律，恪守职业道德，模范遵守社会公德；（8）清正廉洁，公道正派；（9）法律规定的其他义务。遵守法律、清正廉洁是公职人员应尽的法律义务，一旦违反，将受到法律地坚决制裁。

该法第五十三条在公务员必须遵守的纪律中，规定公务员不得有以下行为：（1）贪污、行贿、受贿，利用职务之便为自己或者他人谋取私利；（2）违反财经纪律，浪费国家资财；（3）滥用职权，侵害公民、法人或者其他组织的合法权益；（4）参与或者支持色情、吸毒、赌博、迷信等活动；（5）违反职业道德、社会公德的行为等。这些规定了公职人员不得贪污、行贿、受贿，不得滥用职权，不得谋取私利等。该法还规定了一些预防腐败的措施，如规定了任职回避，公务员之间有夫妻关系、直系血亲关系、三代以内旁系血亲关系以及近姻亲关系的，不得在同一机关担任双方直接隶属于同一领导人员的职务或者有直接上下级领导关系的职务，也不得在其中一方担任领导职务的机关从事组织、人事、纪检、监察、审计和财务工作。这有利于防止公职人员之间出现徇私枉法、以权谋私等贪污腐败行为。

二　中国共产党党员领导干部廉洁从政若干准则

《中国共产党党员领导干部廉洁从政若干准则》于2010年发布施行。这是党中央为加强党员领导干部廉洁自律工作采取的重要举措。这项准则是特别针对党员干部的违法乱纪、贪污腐败行为而制定的。该准则在总则中开宗明义地指出，“执政党的党风关系党的生死存亡”。坚决惩治和有效预防腐败，是党必须始终抓好的重大政治任务。党员领导干部廉洁从政是坚持以邓小平理论和“三个代表”重要思想为指导，深入贯彻落实科学发展观，全面贯彻党的路线方针政策的重要保障；是新时期从严治党，不断加强党的执政能力建设和先进性建设的重要内容；是推进改革开放和社会主义现代化建设的基本要求；是正确行使权力、履行职责的重要基础。”

该准则针对党员干部在实际工作中可能出现的违法乱纪、贪污腐败行为作出了详细的禁止性规定，该准则针对党员干部在实际工作中可能出现的违法乱纪、贪污腐败行为作出了详细的禁止性规定，共规定了8个方面，向党员领导干部提出了52个“不准”。该准则禁止利用职权和职务上的影响谋取不正当利益；禁止私自从事营利性活动；禁止违反公共财物管理和使用的规定，假公济私、化公为私；禁止违反规定选拔任用干部；禁止利用职权和职务上的影响为亲属及身边工作人员谋取利益；禁止讲排场、比阔气、挥霍公款、铺张浪费；禁止违反规定干预和插手市场经济活动，谋取私利；禁止脱离实际，弄虚作假，损害群众利益和党群干群关系。同时还分项详细列举这些行为的具体表现，比如利用积权和职务上的影响谋取不正当利益的行为的具体表现包括：（1）索取、接受或者以借为名占用管理和服务对象以及其他与行使职权有关系的单位或者个人的财物；（2）接受可能影响公正执行公务的礼品、宴请以及旅游、健身、娱乐等活动安排；（3）在公务活动中接受礼金和各种有价证券、支付凭证；（4）以交易、委托理财等形式谋取不正当利益；（5）利用知悉或者掌握的内幕信息谋取利益；（6）违反规定多占住房，或者违反规定买卖经济适用房、廉租住房等保障性住房。

三　行政监察法

为了加强监察工作，保证政令畅通，维护行政纪律，促进廉政建设，改善行政管理，提高行政效能，1997年5月《中华人民共和国行政监察法》通过。该法规定了监察机关和监察人员、监察机关的职责、监察机关的权限、监察程序、法律责任。

该法规定了监察的对象包括：（1）国务院各部门及其公务员；（2）

国务院及国务院各部门任命的其他人员；（3）省、自治区、直辖市人民政府及其领导人员。县级以上地方各级人民政府监察机关对下列机关和人员实施监察：（1）本级人民政府各部门及其公务员；（2）本级人民政府及本级人民政府各部门任命的其他人员；（3）下一级人民政府及其领导人员；县、自治县、不设区的市、市辖区人民政府监察机关还对本辖区所属的乡、民族乡、镇人民政府的公务员以及乡、民族乡、镇人民政府任命的其他人员实施监察。

监察机关的职责是对监察对象执法、廉政、效能情况进行监察，具体包括：（1）检查国家行政机关在遵守和执行法律、法规和人民政府的决定、命令中的问题；（2）受理对国家行政机关及其公务员和国家行政机关任命的其他人员违反行政纪律行为的控告、检举；（3）调查处理国家行政机关及其公务员和国家行政机关任命的其他人员违反行政纪律的行为；（4）受理国家行政机关公务员和国家行政机关任命的其他人员不服主管行政机关给予处分决定的申诉，以及法律、行政法规规定的其他由监察机关受理的申诉；（5）法律、行政法规规定由监察机关履行的其他职责。

除了上述几部法律及规定之外，还有《中国共产党党内监督条例》、《中华人民共和国审计法》、《中国共产党纪律处分条例》、《关于领导干部报告个人有关事项的规定》和《关于对配偶子女均已移居国（境）外的国家工作人员加强管理的暂行规定》等有关约束公职人员行为的法律法规和党纪党规。

法律的制定不等于法律被很好地遵守，因此应当采取措施保证法律能够切实发挥实效：首先各级党委和政府要做好廉政法制的宣传教育工作，将已经制定的反腐倡廉法律法规在广大党员干部和人民群众中间广泛宣传，让人们周知，违反廉政法律，以致贪污腐败将要受到什么样的制裁。其次要坚决依法打击贪污腐败分子，及时将这些危害广大人民群众利益的不法分子清除出公务员队伍，在给他们以惩治的同时，警示教育其他人员，并净化公务员队伍的环境。再次，检察和监察机关要做好法律实施的监督工作，保证制定的反腐倡廉法律法规落到实处。

第八章 深入推进依法治理

第一节 依法治理概述

依法治理就是依照法律法规的规定治理国家。国家的治理有人治和法治两种方式，历史和现实已经证明，依靠个人的权威、智慧，以行政命令的方式管理国家事务，是不能够实现国家长治久安的。只有依靠制定良好的制度，按制度办事，实现国家的规范管理，使国家事务的管理不因领导人的改变而改变，不因领导人意志的改变而改变，才能够实现依法治国，实现国家的长治久安。

依法治国，建设社会主义法治国家，必须实行依法治理。只有实行依法治理，才能逐步实现建立法治国家的目标。各级党委应认真贯彻执行《全面推进依法行政实施纲要》和《国务院关于加强法治政府建设的意见》，扎实开展多层次多领域的依法治理工作。推进法治城市和法治县创建活动，总结推广经验，建立健全制度，不断提高创建水平；结合各部门的特点开展依法治理，实行依法行政示范单位创建活动，建立健全制度，不断提高创建水平；在行政执法过程中，健全行政执法程序，规范行政执法行为，强化行政监督和问责，完善执法责任制、执法公示制、执法过错责任追究制，积极推进法律的有效实施，不断提高政府的公信力和执行力；开展继承法治创建活动，推进基层依法治理，促进基层民主法治建设；围绕社会热点难点问题和社会管理薄弱环节，开展法制宣传教育和专项治理活动，提高社会管理法制化水平。

第二节　推进法治城市的创建

2008 年 4 月，全国普法办下发了《关于开展法治城市、法治县（市、区）创建活动的意见》，在全国范围内广泛开展法治城市创建活动。我国城市化进程步伐迅速，大城市不断膨胀，中小城市快速增长，大量农村人口流向城市，从传统的农业社会向城市社会转变，在依法治国的大背景下，重点强调城市的依法治理意义重大。这有助于依法治国具体方略的实现，有助于地方法治建设，有助于管理法治化水平的提高，有助于全面落实科学发展观，促进经济社会又好又快发展，推动和谐社会建设。

一　法治城市的含义

所谓法治城市，就是在城市的管理和运作过程中，逐步实现城市生活各个方面的法治化，依法管理城市的基础设施、生活供应、居民社区、流动人口等，在城市的各个方面逐步实现良好稳定的法律秩序。

首先，作为一种宏观上的城市管理方法，城市管理过程中，要将各种公共权力纳入法制的轨道，使权力的分配、行使、监督都受到法律的制衡和约束，受到法律程序的限制。社会生活任何领域的法治化进程，都必须先考虑其中权力的法治化。其次，法治城市是依法治理的城市，其前提是要保证治理所依据的法律本身是治理得良好的法律。良法是法治的重要前提和保障，在法治城市建设中也是如此。再次，法制城市观念包含着现代的法治精神和法治原则，权力保障、重视程序、权力制衡、公平正义等现代法治的精神都应该在法治城市建设过程中体现出来。另外，法制城市是一种综合的社会运行状态，是一种在社会广泛认同的法律文化基础上制定覆盖社会经济、政治、文化等各领域法律法规，涉及法规制定、执法司法、法制宣传、法学研究、法学教育、法律服务以及法律培训等方面，并能够运转良好的管理状态。

二 法治城市的特征

法治城市的基本特征是：民主自由、秩序良好、效率。法治必须确保城市的民主性和自由度，民主性越强，自由度越大，意味着法治化水平越高。民主性和自由度是提高城市法治化的保障性条件。秩序是法的重要价值之一，法治城市的状态也必然是秩序良好的城市状态。效率也是法律的价值目标之一，在法治化城市中，法治精神与法治原则几乎渗透一切领域，提高了法治效率，必然提高了物流、人流、经济流等的效率，从而全面提高城市生活的效率。

具体来说，城市要想真正成为一个法治城市，应当具备以下基本特征：其一，地方性法规体系比较完备。法治城市是法治国家的组成部分，创建法治城市，应当在国家现有的法制框架下推进。其二，党委依法执政。在城市的管理和建设过程中，凡属重大问题或涉及全局性工作，都要由党委来领导和决策，因此，党委是法治城市建设的核心，其依法执政的能力决定着法治城市建设的成败。党委应该带头执行宪法、法律以及法规、规定，把自己的活动范围严格限定于宪法和法律的范围之内，在法定的职责内发挥领导核心作用，统揽全局，带动发展，并积极领导和支持政府、人大、政协及社会团体、企事业单位发挥各自的作用。其三，政府工作法治化。政府是国家法律的主要执行者和城市经济、社会的主要管理者，其执法水平和依法行政能力的高低，直接关系到一个地区法治化水平的高低。其四，市民具有较高的法律素质。先有懂法守法的人，才有法治的社会。全体市民都要求具备较高的法律素质，要在全市形成崇尚宪法和法律权威、严格依法办事的社会环境和舆论氛围。其五，司法公平公正。司法公正是公民权益得以实现的保障，也是体现社会公平正义的显著标志。要实行无差别对待、按法律和证据来判断事实等，没有司法公正不可能实现社会公平正义，更谈不上城市的法治化。其六，崇尚法治的城市精神。城市精神是一座城市长期文化积淀而形成的精神风貌的集中体现，主要包括制度建设、社会风尚、文化教育以及城市建设理念等方面。作为法治城市，法治应当成为城市精神的根本内涵，法治成为城市社会系统的评价标准。其七，社会监督健全有效。社会监督体制要健全和完善，监督体制要囊括法律监督、行政监督、群众监督、舆论监督、民主监督及党内监督等各种监督手段，构建全方位的监督网络，全社会都积极投身于各种监督。其八，法律服务市场规范。成熟的法律服务体系，完善的法律服务市场，配套的法律援助机制，是城市法治状况良好的基本表现。创建法治城市，必须考虑法律服务市场拓展与规范的问题。这里的法律服务市场是广义的。既包括通常所说的律师、公证、司法鉴定、仲裁等法律服务，也包括税务、会计、审计等中介性、涉法性的服务机构。

第三节　切实加强依法行政

为贯彻落实依法治国基本方略，全面推进依法行政，国务院在2004年印发了《全面推进依法行政实施纲要》，又在2008年印发了《国务院关于加强法治政府建设的意见》，提出了全面推进依法行政的指导思想和具体目标、基本原则和要求、主要任务和措施等，要求各级党委政府根据本地区的特点，进一步健全行政执法程序，进一步规范行政执法行为，进一步强化行政监督和问责，进一步完善执法责任制、执法公示制、执法过错责任追究制，积极推进法律的有效实施，不断提高政府的公信力和执行力。

《全面推进依法行政实施纲要》指出，党的十一届三中全会以来，我国社会主义民主与法制建设取得了显著成绩。党的十五大确立依法治国、建设社会主义法治国家的基本方略，1999年九届全国人大二次会议将其载入宪法。作为依法治国的重要组成部分，依法行政也取得了明显进展。1999年11月，国务院发布了《国务院关于全面推进依法行政的决定》，各级政府及其工作部门加强制度建设，严格行政执法，强化行政执法监督，依法办事的能力和水平不断提高。但与完善社会主义市场经济体制、建设社会主义政治文明以及依法治国的客观要求相比，依法行政还存在一定差距，主要是：行政管理体制与发展社会主义市场经济的要求还不适应，依法行政面临诸多体制性障碍；行政决策程序和机制不够完善；有法不依、执法不严、违法不究现象时有发生；对行政行为的监督制约机制不够健全，一些违法或者不当的行政行为得不到及时有效的制止或者纠正，行政管理相对人的合法权益受到损害得不到及时救济；一些行政机关工作人员依法行政的观念还比较淡薄，依法行政的能力和水平有待进一步提高等。这些问题在一定程度上损害了人民群众的利益和政府的形象，妨碍了经济社会的全面发展。解决这些问题，适应全面建设小康社会的新形势和依法治国的进程，必须全面推进依法行政，建设法治政府。

一　健全行政执法程序

首先，要完善行政执法程序立法。完善的执法程序可以为执法行为定下明确的标准，使执法行为有法可依，规范执法过程中的权力运行，约束执法权的运行状况，避免执法权力滥用，所以各级立法机关要探索完善相关程序。

其次，规范执法程序的有效运行。要以制度化的方法，建立常态化的工作模式和运行机制，健全完善行政办理工作机制，健全完善行政执法工作机制，健全完善行政处罚、行政强制、行政监督检查等依职权行政执法的工作机制，涉及行政相对人和人民群众切身利益的方面，应当作为行政执法程序规范的重点。

再次，要提高执法人员依法行政的能力。要针对执法人员开展公正执法、为民执法的教育活动，开展形式多样的法律知识培训，提高执法人员依法执政的认识和能力；执法过程中要体现人民意志、保障人民参与、维护人民权利、接受人民监督；同时要进一步落实行政执法责任制。

最后，要完善规范行政执法程序的相关配套措施。规范行政执法程序是依法行政工作的重要组成部分，需要依法行政其他工作的相互配合，实施系统治理，才能取得实实在在的工作成效；要重视和加强执法主体和执法依据的清理工作；完善执法经费保障机制；健全和完善政府层级监督制度等。

二　规范行政执法行为

在行政执法过程中，有法不依，执法不严，违法不究问题仍然存在，严重地损害了法律的尊严和政府的权威，引起了人民群众的不满，要深入推进依法治理，必须规范行政执法行为。

首先，要加强行政执法监督。加强行政执法监督，是推进法制建设，建设社会主义法治国家的必然要求。目前，我国已经建立了相对完备的法律体系，社会生活的各个方面都有可以遵循的法律法规或者政府规章。在行政执法领域也制定了大量行政法规，包括专门监督与制约行政权、保护公民权利的法律，如行政诉讼法、国家赔偿法、行政处罚法等。贯彻落实这些法律，就要求我们完善行政执法机关的内部监督制约机制，发挥人大对行政执法工作的监督作用，加大行政执法监督力度，规范行政机关工作人员的行为，维护行政机关正常的管理秩序。

其次，要提高行政执法人员政治素养和业务水平。建立健全具体的、有针对性的、操作性强的行政执法工作制度，形成按制度办事、靠制度管人、用制度规范行为的机制，使广大执法人员树立全心全意为人民服务的宗旨意识。建立完善考核奖惩制度，明确岗位职责，把完成目标业绩作为考核奖惩的依据，按照考核结果落实报酬，决定职级升降。树立执法就是服务的观念，做到执政为民，公正执法，文明执法。同时，行政执法人员平时就要加强自身素质的提高，树立正确的世界观、人生观、价值观和执法观，纪律严明，廉洁自律，自觉接受社会和群众的批评与监督。

再次，要改善行政执法的外部环境。进一步深化行政管理体制改革，对各政府部门的职责作出明确界定，分工负责、权责一致。进一步转变政府职能，减少行政执法的层次，做到主要由市、县两级行政执法机关实施行政执法行为，尝试部门之间联合办公，解决多头执法、重复执法、执法缺位问题，特别是对于广大人民群众日常生活、生产直接相关的行政执法事项，要尽量做到便民、惠民。通过广泛深入的宣传教育，进一步增强全体公民的法律素养和法治理念，让全体公民知晓法律赋予的基本权利和应当履行的基本义务，了解违法犯法必须承担的法律后果，知道合法利益诉求的合法途径。通过多种途径，广泛宣传法律、法规、政策，使法制观念深入人心，以确保行政执法工作得到全社会的认同和配合，也有利于从源头上减少违法行为的发生。通过这些措施的协同配合，为行政执法工作创造良好的外部环境。

三　强化行政监督和问责

首先，要坚决查办贪污腐败案件。对于已经发生的贪污腐败案件，要坚决查处，同时警示其他潜在违法乱纪的人，并教育广大群众。在市场经济条件下，涉及商业的腐败案件增多，对于行业方面的贿赂案件，既要惩处受贿行为，又要惩处行贿行为；既要查处国（境）外经济组织在我国内地的商业贿赂行为，也要查处我国企业在境外的商业贿赂行为。

其次，要坚持科学民主决策。政府在公共决策过程中，要坚持科学民主决策，提高决策的质量，注重决策的实际效果。对符合条件、手续完备的决策项目，特别是涉及灾后重建、民生工程、生态环境、技术改造等的重要项目，要按程序加快审核、批复的过程。重大的决策项目必须充分发扬民主、集体研究决定，坚决禁止领导干部个人独断大额度资金使用、重大项目安排，严禁领导干部个人干预工程建设招投标和政府采购的正常程序，从中照顾亲友、谋取私利。对于专业性、技术性比较强的决策事项，则要经过相关专家的充分论证，涉及重大公共利益和群众切身利益的决策，要向社会公开征求意见。

再次，要采取措施做到政务信息公开。信息公开透明是保证权力合法合理行使而不被滥用的有效办法。要建立政务公开的制度措施，深入推进政务信息公开，对于应该公开、能够公开的事项要及时全面地予以公开，同时增加公开的内容，拓展公开的渠道，提高公开的层次，最大可能地创造条件，让人民群众更好地了解政府、监督政府、批评政府。

最后，要完善绩效管理制度和行政问责制度。行政问责的根本目的在于强化行政监督、提高政府执行力和公信力。特别是要重点抓好中央关于保增长、保民生、保稳定各项政策执行不力的问责；抓好公共资金使用不当、投资项目出现失误的问责；抓好损害群众生命财产的重大安全事故的问责。继续推进行政问责的制度化、规范化，进一步明确问责的范围、问责的程序，加大问责的力度，增强行政问责的针对性、操作性和时效性，坚决纠正行政不作为和违法作为。要建立政府绩效管理制度，引导各级干部特别是领导干部形成符合科学发展观要求的正确政绩观。

四　提高政府的公信力和执行力

现阶段，在一些地方和部门还存在违法违规、政令不畅、执行不力等突出问题，这些问题容易引发群体性事件等社会矛盾，这表明我国政府的公信力和执行力有待进一步提高。从我国当前实际出发，可以从以下几个环节入手提高政府的公信力和执行力：

首先，政府必须做到依法行政。政府能否依法行政，是群众观察政府可信度的重要标准。不依法行政的政府自然是无公信力可言的。政府作为掌握和行使公共权力的机构，必须在法律规定的框架内活动，自觉接受法律约束和社会监督，并以此树立守规则、可信任的良好形象。

其次，必须做到诚信行政。诚实守信是政府必须遵循的基本行为准则，是政府公信力的基础。群众对政府的不信任，多源于政府政策的朝令夕改或言行不一。保持政策的连续性和稳定性，是提高政府公信力的重要前提。政府作出的承诺必须兑现，做到言必信、行必果。由于客观条件限制做不到的，也应适时公布原因。

再次，必须实行信息公开。在一些地方，重大事件发生后，本来应该向社会公开的信息，政府不及时通报，而是遮遮掩掩，甚至隐瞒事实、封锁消息。如今信息手段发达，这种做法只会产生负面的效应，使政府公信力下降，为小道消息或谣言的产生和传播提供空间。信息公开才是政府提高公信力的正途。《中华人民共和国政府信息公开条例》已经正式公布，该条例对政府信息公开的范围、公开的方式和程序、监督和保障等作出了明确规定，要求行政机关及时、准确地公开政府信息。信息公开有利于提高政府运作的透明度，增强政府的公信力。

第四节 加强基层民主法制建设

一 基层民主法制建设存在的主要问题

我国是一个人口众多的大国，基层组织在国家的社会事务管理中发挥着基础性的重要作用，从“一五”普法开始，我国基层民主法制建设不断加强，广大群众的法律意识明显增强，民主进程有效推进，总体来看形势良好，但也存在着不少问题，主要表现在：

首先，基层民主法制建设的宣传教育还不够深入。有些领导对基层法制宣传教育的认识不到位，尤其是农村和城市社区的基层干部，对民主法制宣传教育的认识不够深刻，思想上缺乏足够认识，仍然认为经济建设是必须予以重视的任务，民主法治建设没有经济建设重要，没有采取有效的措施。地区之间的法制宣传不平衡，在我国一些地方，特别是在西部欠发达地区，法制宣传教育远远落后于东部地区，法制普及程度低，民主推进速度慢。基层民众的民主法制意识也有待提高，不少基层民众的民主权利意识不强，对选举和被选举的权利都缺乏认识。

其次，基层的经济社会发展与民主法制建设还存在矛盾。随着改革开放进程的深入，在基层尤其是农村，还面临着许多新情况、新问题。稳定、发展的需求与部分地区社会秩序不够安定之间的矛盾；民主法治的进程与相对缓慢的基层自治之间的矛盾；企业发展带来的环境影响与科学发展观的要求之间的矛盾等，这些问题的存在严重制约着社会主义和谐社会建设的进程。

再次，基层民主法制建设的规章制度没有得到有效落实。在民主决策方面，少数基层群众代表会议制度没有真正发挥作用，一些基层干部轻视民主，忽视法制，“一言堂”的问题还存在。在民主管理方面，基层事务管理制度流于形式，自治章程和乡规民约的约束力不强，群众比较关注的财务公开问题，还存在档案管理不完善、公开内容不规范等问题。

二　基层民主法制建设的途径

对于如何加强基层民主法制建设，主要有以下对策：

首先，要进一步加大宣传工作的力度，打牢基层民主法制建设的基础。加强民主法制的宣传教育，既是提高群众素质的客观需要，又是促进社会主义和谐社会建设的必然要求。加强对基层群众民主法制宣传教育，重在提高其法律意识和民主意识，引导其依法参与自治活动，努力提升法制化管理水平。基层领导干部要把基层民主法制工作摆上重要位置，进一步整合基层法制宣传教育阵地资源，加强法制教育阵地建设。把与基层群众生产生活密切相关的法律法规和民主法制建设的正面典型进行广泛宣传，使广大群众随时随地学法。

其次，不断扩大并保障基层的民主选举、民主决策、民主管理和民主监督。基层的民主化进程决定着我们整体的现代化进程，只有不断扩大基层民主，保障基层群众民主选举、民主决策、民主管理和民主监督的权利，切实保证人民群众当家作主，才能充分调动基层群众的积极性、创造性。应当以尊重民意为原则，实施基层群众自治。

再次，积极探索基层民主法制建设的机制保障。扩大基层民主、完善基层法制的根本目的是为了创造安定和谐的社会环境，保障社会主义和谐社会建设顺利推进。各级各部门应当在党委的统一领导下，形成“党委领导、人大监督、政府实施、全社会参与”的民主法制工作格局。在实际工作中也要不断努力探索基层民主法制建设的新途径。